CW01631059

Dans la même collection

ABOLGASSEMI Parviz
Langue persane. Cours pratique. 214 p. 2002.
Cours pratique de Persan. Recueil de textes. 143 p. 1990.

BACCHERETTI Pierre, *Radouga 2, le russe par l'informatique.*
Logiciel et manuel d'accompagnement.
1 CD Rom, 264 p. 1997.

CHU Xiaoquan, SONG Shunching, YAN Chunde, ZHENG Chantal, *Guide de la correspondance et du message écrit en chinois.* 288 p. 1987.

DUTRAIT Noël
Le Chinois par la vidéo. Cassette audio. 136 p. 1995.
Cassette vidéo.

GUIRAUD-WEBER Marguerite, *Le verbe russe, temps et aspect.* 184 p. 2004

GUIRAUD-WEBER Marguerite, KORJENEVSKAÏA Nina, MIKAELIAN Irina, *Exercices de grammaire russe,* pour étudiants francophones. Nouvelle édition 234 p. 2003

LARCHER Pierre, *Le système verbal de l'arabe classique.* 194 p. 2003

ZAREMBA Charles, *Vingt leçons de polonais.* 236 p. 2001.

Collection
DIDACTILANGUE

A. Delteil • Seko Y. • Takei Y.

JAPONAIS

Manuel de première année

2006
PUBLICATIONS DE L'UNIVERSITÉ DE PROVENCE

© Publications de l'Université de Provence

29, avenue Robert Schuman - F - 13621 Aix-en-Provence cedex 1
Tél. + 33 (0) 4 42 95 31 91 – Fax + 33 (0) 4 42 95 31 80
Courrier électronique pup@up.univ-aix.fr
Catalogue complet sur internet www.up.univ-mrs.fr/wpup

Sommaire

REMERCIEMENTS

L'édition du présent manuel a été réalisée avec une aide de la Fondation du Japon / The Japan Foundation / 独立行政法人国際交流基金 à laquelle les auteurs expriment leur gratitude.

AVANT-PROPOS

La grammaire de la langue japonaise d'aujourd'hui peut tenir dans une brochure de cinquante pages, y-compris ce qui doit être dit de la morphologie. La prononciation du japonais ne pose pas de problème majeur pour l'étudiant francophone – l'attention est requise sur deux ou trois points, pas plus, dans les premières semaines.

Mais : 1/ le système d'écriture de cette langue est particulièrement compliqué ;
2/ les structures à l'œuvre sont très éloignées de celles auxquelles les grammaires de la langue française nous ont habitués.

Quelques exemples de la simplicité désarmante du japonais par rapport au français : en japonais pas d'articles, pas de genres, pas de distinction singulier/pluriel ; pour les verbes : deux groupes, deux irréguliers, deux temps (atemporel à valeur de présent ou de futur, et passé), et surtout : pas de flexions selon que « je », « tu » ou « il », etc, est le sujet ; pas de pronoms relatifs ! Mais, par exemple : le lexique particulier, et syntaxe idoine, pour compter; importance des niveaux de langue ; difficulté d'emploi de ce qui correspond à nos pronoms. Et toujours, des structures souvent très éloignées des nôtres, et un système d'écriture fort complexe : près de 2000 ***kanji***, caractères venus du chinois, chacun pouvant se prononcer en moyenne d'au moins deux façons différentes, outre deux syllabaires...

L'étude du japonais doit être organisée de façon que les étudiants gagnent leur autonomie de base avant la fin de la seconde année. “Autonomie de base” signifie : acquisition des structures de base de la langue contemporaine, de tournures idiomatiques, et acquisition des principes présidant à l'utilisation des dictionnaires, unilingues, multilingues et de kanji. Vous avez bien lu “dictionnaire…de kanji”. L'expérience prouve que les kanji s'oublient quand on ne les fréquente pas régulièrement. D'où : vous devez envisager dès maintenant et au plus tard au cours de la seconde année, l'achat soit d'un manuel spécialisé, soit d'un véritable dictionnaire de kanji, vous mettant à même, chez vous, de travailler de façon autonome. Autant de frais à prévoir, puisque les autres types d'ouvrages, dont les dictionnaires multilingues, vous seront également nécessaires.

Chaque Leçon du présent manuel est conçue sur le modèle suivant :

a. Un texte, le plus souvent de conversation, présenté en écriture verticale, la plus fréquente, et combinant les divers moyens du système d'écriture : syllabaires, et kanji empruntés au chinois.

b. Attention : le texte de base de chaque Leçon est présenté en écriture verticale, en colonnes à lire de droite à gauche, ce qui implique de tourner le livre un quart de tour sur la droite pour lire chaque texte de base.

c. Chaque texte est présenté en deux versions : l'une sans indication des prononciations des kanji, l'autre avec indication des prononciations, ou "lectures", inscrites en petits *hiragana* (les hiragana constituent le premier syllabaire à retenir - voir l'introduction au système d'écriture et le tableau des hiragana) dans l'interligne à droite.

d. Exceptionnellement, la première Leçon, et *elle seule*, est également présentée en écriture *horizontale* accompagnée de translittérations (système dit de Hepburn) dans notre alphabet (*rōmaji*) ; donc, en trois versions.

e. Une liste de tout le nouveau vocabulaire apparaissant dans la Leçon avec indication du type de mot et traduction pour chaque vocable, ou renvoi aux explications figurant plus loin.

f. Une liste des kanji apparaissant dans le texte de base de chaque Leçon avec leurs lectures et leurs sens, complétée d'exemples de mots composés de deux kanji ou plus. (Cette liste de kanji n'est pas nécessaire pour la compréhension du texte de base de la Leçon. L'étudiant aura intérêt, par contre, à étudier cette liste lors d'une seconde lecture, pour fixer ses connaissances en matière de kanji.)
Cette liste fait figurer toutes les lectures recommandées officiellement. Dans quelques cas, ont été ajoutées entre parenthèses des lectures non officielles ou rares, mais admises.

g. Des explications en français sur les points de grammaire, de morphologie, de structure, avec exemples.

h. Des exercices d'application articulés sur les points ci-dessus. Les exercices dont le numéro est suivi d'un astérisque font l'objet d'un corrigé modèle que l'on trouvera en fin de volume (voir Annexes).

i. La traduction du texte de chaque Leçon est donnée en Annexe en fin de volume.

Le système d'écriture : vous devez apprendre quasiment simultanément les deux syllabaires (près de 50 signes chacun) et commencer l'acquisition de la longue liste des kanji empruntés au chinois. Il faut se fixer des dates :

- Deux semaines pour le syllabaire des *hiragana* ;
- Un mois pour le syllabaire des *katakana* ;
- Les deux syllabaires, qui rendent compte des mêmes sons, doivent être mémorisés dans l'ordre de présentation (*a, i, u, e, o, ka, ki, ku, ke, ko, etc…*) car c'est selon cet ordre que les mots sont classés dans les dictionnaires japonais-français, ainsi que dans l'index du présent ouvrage, rédigé uniquement en japonais ;
- Trois à quatre ans pour les quelque 2000 kanji appelés *Jōyōkanji*, soit "Kanji d'usage courant".

RECOMMANDATION

Le présent manuel souhaite rencontrer un public aussi motivé qu'exigeant, auquel les auteurs s'adressent dans cet esprit. Les étudiant(e)s s'engageront dans le travail sur ce manuel après avoir pris *la précaution de maîtriser les syllabaires* des *hiragana* et des *katakana*, car seul le texte de la Leçon 1 est présenté en trois versions, dont une avec translittération en alphabet latin (*rōmaji*).

A partir de la Leçon 2, l'usage de la translittération est quasiment banni. Il s'agit d'un choix dicté tant par l'éditeur, concernant le nombre de pages, que par les auteurs, dont le choix est assumé au plan pédagogique. Notre ouvrage se veut progressif, mais implique un rythme soutenu de travail de la part des lecteurs. Il présente une ossature systématique quant aux structures, mais son utilisation serait vaine si ne sont pas maîtrisés dès le début les deux syllabaires, et si chaque Leçon ne fait pas l'objet d'une étude attentive avant que soit abordée la suivante.

L'attention des lecteurs est par ailleurs attirée sur le fait que, si chaque Leçon est suivie d'une liste de vocabulaire, cette liste ne porte que sur le lexique du texte de base de la Leçon. Le vocabulaire qui apparaît dans les commentaires et explications ainsi que dans les exercices ne figure pas dans les listes qui suivent chaque Leçon et doit être mémorisé au fur et à mesure de l'étude, car il peut figurer à nouveau dans les Leçons ultérieures, textes de base, commentaires et explications ou les exercices. L'index général en fin de volume ne fait figurer *que la première occurrence* du lexique cité, et non les autres.

L'équipe de rédaction reste à l'écoute de ses lecteurs. Bon courage !

INTRODUCTION A L'ETUDE DE LA LANGUE

I – Quelques mots d'histoire

Les travaux des spécialistes s'accordent sur les trois points suivants :

1/ Le vocabulaire ancien présente des similitudes avec des langues du sud, et au-delà, tant à l'est qu'à l'ouest, de la Micronésie (syllabes "ouvertes", terminées par une voyelle).

2/ La langue a été "altaïsé" ; elle appartient au groupe des langues dites ouralo-altaïques (sur une ligne reliant, en gros, le turc au mongol, puis le coréen et le japonais). Ceci au plan de la morphologie et de la syntaxe.

3/ Au plan de l'écriture, la langue a adopté et adapté le système chinois ; ce mouvement s'est accompagné d'emprunts lexicaux (dits sino-japonais).

(Pour compléter la rose des vents, ajoutons que la langue s'est enrichie depuis plus d'un siècle d'un vocabulaire emprunté essentiellement à l'anglo-saxon, lequel, déformé, pose problème aux débutants, et au-delà ...)

II – La prononciation

Elle n'est guère difficile à maîtriser pour l'étudiant francophone. Celui-ci devra cependant faire attention à certains points : les consonnes transcrites par <u>r</u> et <u>h</u> (ou f), la voyelle transcrite par <u>u</u> ; les syllabes longues ou brèves. L'accentuation porte plus sur la hauteur de la syllabe que sur la puissance d'émission. On dit souvent que les voyelles se prononcent à l'italienne et les consonnes à l'anglaise. Cette remarque mérite attention, mais aussi ce qui suit.

Pour ce qui concerne les graphies des syllabes, se reporter aux Tableaux des hiragana et des katakana (syllabaires) figurant plus loin.

Les voyelles

Les cinq voyelles de base sont A, I, U, E, O ;

« A » ressemble à notre *a*, mais plus fermé

« I » à notre *i* (N. B. : en parler rapide, il disparaît dans l'auxiliaire <u>iru</u> après une forme en <u>te</u>.)

« U » se prononce comme notre *ou*, très fermé, et jamais comme notre *u*. (N. B. : il est souvent amuisé : il disparaît dans le suffixe verbal <u>masu</u>, à prononcer *masse*, et dans la copule <u>desu</u>, à prononcer *desse*.)

« E » se prononce entre notre *é* et notre *è*.

« O » se prononce entre notre *o* fermé et notre *o* ouvert.

Nous plaçons ici le cas du son transcrit WA. (N. B. : la particule du thème, écrite HA, se prononce de la même façon.) Il s'agit d'une coalescence du <u>U</u> (prononcé donc sans tension aucune) et de A. Ce WA est proche du *oua* de *<u>oua</u>te*.

Enfin, nous faisons figurer ici les sons YA, YU et YO, semi-voyelles, dont la prononciation ne présente pas de difficultés.

Nota. Toutes les voyelles juxtaposées se prononcent distinctement les unes des autres : aoi se prononce A-O-I. (Seule la combinaison ei a tendance à donner un ē long.)

Les consonnes

N. B. : les consonnes ne se conçoivent pas, écrites, indépendamment d'une voyelle ; se reporter aux Tableaux des syllabaires, hiragana et katakana, qui combinent K (ou G), S (ou Z et J), T (ou D), N, H (ou F, mais aussi B et P), M et R aux cinq voyelles de base, A, I, U, E et O, ainsi qu'également à YA, YU et YO (Voir aussi Tableau des Syllabes contractées).

Avec K, on obtient **ka ki ku ke ko**, ainsi que **kya kyu kyo**.

Avec G : **ga gi** (à prononcer comme notre *gui*) **gu** (notre *goût*) **ge** (*gué*) **go ; gya gyu gyo**.

Avec S, on obtient **sa shi su se so** et **sha shu sho** (N. B. : *shi* est chuintant – il correspond au *chi* de *chien* ; notre *si* n'existe pas en japonais).

Avec Z : **za ji zu ze zo** et **ja ju jo** (**zi** n'existe pas).

Avec T : **ta chi tsu te to** (il n'existe ni **ti** ni **tu**) ; **cha chu cho**.

Avec D : **da ji zu de do** ; **ja ju jo**.

Avec N : **na ni nu ne no** ; **nya nyu nyo**.

La série des syllabes en H doit retenir l'attention; elle implique une forte expulsion d'air ; mais beaucoup moins que notre *f* - il n'y a pas arrondi des lèvres. La transcription par **fu** est fréquente - ex. : *Fuji* - mais ne reflète pas la réalité.

Nous avons donc : **ha hi hu**(fu) **he ho** ; **hya hyu hyo**.

Les labiales P, B et M ne présentent aucune difficulté.

Le R, par contre, est difficile. En aucun cas il ne doit ressembler à notre *r*. Pour prononcer cette "consonne alvéolaire battue", penser d'abord au *do* du verbe anglais *to do*. C'est le *ru* du japonais, quasiment. En cas de besoin, prononcer *l* ; en aucun cas *r*.

On obtient donc : **ra ri ru re ro** ; **rya ryu ryo**, série la plus difficile à maîtriser.

(Les syllabes obtenues à partir d'une syllabe en *i* suivie de *ya*, *yu* et *yo* peuvent être allongées par la même voyelle. Exemples : *kyā*, *kyū*, *kyō*, etc.)

III – Les syllabes

Toutes les syllabes du lexique le plus ancien sont des syllabes ouvertes ; elles se terminent sur une voyelle : *yama*, la montagne ; *ame*, la pluie

Trois autres cas se présentent :

1/ La nasale, qui compte en fait pour un pied. En aucun cas elle n'assourdit la consonne qu'elle suit. **an** se prononce plus fermé que notre prénom *Anne*, **in** et **on** comme en anglais, mais plus fermés ; **un** comme *oune* et **en** comme *enne*. Les sons du français *an* (l'année), *on* (pronom), *un* (article) n'existent pas en japonais.

2/ Le redoublement de consonne : la "tenue" de la consonne (gémination) fait presque entendre une répétition : *aka* (couleur rouge) se différencie nettement de *akka* (détérioration : prononcer *AK-KA* mais sans temps mort).

3/ Le "coup de glotte" : dans certains cas se produit un étranglement de la gorge : a̲ (!!) ; exclamation de surprise ou devant le danger, comme si notre "*Attention!*" devenait "Att !".

Chacun de ces trois cas représente, en métrique, un pied : en prononciation une quasi-syllabe. De même, on n'oubliera pas de respecter les temps dans la prononciation des suites de voyelles identiques : *oki* (le grand large) compte deux temps : *ookii* (grand) en compte quatre.

IV – Le système d'écriture

A. Les kanji

Ce sont les idéogrammes chinois, importés du continent avec une prononciation dite sino-japonaise, ou « lecture » ON (= le son). A cette lecture ON d'importation, beaucoup plus fréquente pour les composés de deux kanji ou plus, s'est aussi attachée très naturellement la prononciation du mot de la langue parlée alors dans l'archipel, dite lecture **kun** (= le sens). Il suit qu'en général tout kanji se prête à au moins deux lectures en moyenne. (Par convention, les lectures sino-japonaises sont le plus souvent transcrites en majuscules et les lectures proprement japonaises en minuscules. Par convention au Japon, les lectures sino-japonaises sont écrites en katakana et les lectures proprement japonaises en hiragana dans les dictionnaires et les ouvrages assimilés. Nous respectons ces principes dans le présent manuel.)

Au plan graphique, les kanji au Japon n'ont subi que des simplifications globalement limitées, si toutefois certaines sont notables. (Il n'en va pas de même sur le continent chinois, où les simplifications ont été très poussées.)

Près de 2000 kanji d'usage courant (*Jōyōkanji*) figurent au programme de l'enseignement de la langue nationale, selon les recommandations des autorités. En principe, la grande presse donne en interligne ou entre parenthèses la lecture des kanji moins usités, au-delà du corpus des quelque 2000.

Face à cette difficulté réelle, le présent manuel a opté pour l'orientation suivante :

1/ Ne pas jouer la démagogie. Dès la première Leçon, le lecteur se trouve face à un texte combinant les kanji et les syllabaires (*kanji-kana-majiri-bun*), qui s'apparente par là à tout texte courant en langue japonaise.

2/ Chaque Leçon est présentée en deux versions : l'une où les kanji figurent sans prononciation, l'autre où ils figurent accompagnés, dans la marge, de leurs lectures en hiragana – ces prononciations sont appelées *rubi* ou *yomigana*. L'étudiant aura intérêt à travailler alternativement sur les deux versions, jusqu'à pouvoir lire sans hésitation la version sans lectures.

Chaque Leçon comporte par ailleurs une liste de vocabulaire et de kanji.

3/ Le manuel s'est adjoint à Aix-en-Provence une liste des 500 kanji les plus fréquents dans la grande presse. Cette liste est précieuse car en 500 kanji elle couvre plus de 75% des occurrences de kanji dans la presse. Ce type de liste présente bien entendu les kanji dans l'ordre de leurs fréquences décroissantes. Elle mérite une attention particulière et en première et en deuxième années. Voir Bibliographie.

B. Les katakana (syllabaire)

Ces quelque 50 signes et leurs dérivés, qui permettent de transcrire tous les sons de la langue japonaise, sont issus d'un système ayant permis à l'origine aux Japonais d'autrefois de lire des phrases chinoises selon l'ordre des mots des phrases japonaises.

Ils sont formés de segments de droites, angulaires, qui sont, à l'origine, des parties de kanji.

C. Les hiragana (syllabaire)

Cette autre série de quelque 50 signes, avec leurs dérivés, permet également de transcrire tous les sons de la langue. Au plan graphique, ils sont dérivés, en écriture cursive, de kanji.

Nous vous invitons dès maintenant, gardant à l'esprit ce qui vient d'être dit sur les aspects graphiques des trois systèmes entrant dans la composition du système d'écriture, à considérer l'une ou l'autre version de la Leçon 1 : vous y apercevrez des signes comportant une multitude de segments de droite, avec, parfois, quelques segments incurvés – ce sont les kanji ; des signes comportant peu de segments du même type – ce sont les katakana ; des signes appartenant à une écriture cursive – ce sont les hiragana.

D. Différentiation d'emploi KANJI / HIRAGANA / KATAKANA

Les enfants japonais commencent par apprendre les seuls hiragana, puis des kanji et les katakana. Le présent manuel s'adressant à de jeunes adultes francophones, il leur est recommandé de procéder de même, mais en contractant à l'extrême dans le temps, deux à trois semaines pour tous les hiragana, puis le même temps pour tous les katakana. L'étude des kanji devra commencer simultanément.

Les KANJI s'emploient pour écrire la masse des mots nominaux (les noms), les qualificatifs invariables, la racine des mots variables : celles des mots verbaux et des mots de qualité (autre type de qualificatifs) ; les chiffres (concurremment avec les chiffres arabes) ; certains adverbes.

Les HIRAGANA s'emploient pour écrire les mots-outils, particules et conjonctions; les flexions (= partie variable des mots variables, soit : du mot verbal et du mot de qualité). (N. B. : il faut exclure tout emploi du mot "conjugaison" concernant le "verbe" de la langue japonaise, qui ne "se conjugue" pas selon la série « je-tu-il-nous-vous-ils ». Nous n'utilisons pas le mot "verbe" mais l'expression "mot verbal" pour désigner ce type de mot de la langue japonaise.) Les hiragana s'utilisent aussi pour tout mot dont le kanji correspondant est peu usité ou ... inconnu.

Les KATAKANA s'emploient pour tout le lexique d'origine étrangère (à l'exception, bien sûr, du lexique emprunté au chinois, dit sino-japonais) ; selon, des noms de plantes ou d'animaux, les onomatopées (nombreuses), certains mots que l'on souhaite mettre en valeur. Une part non négligeable du lexique moderne passe par l'emploi des katakana, qui doivent faire l'objet d'une étude sérieuse.

E. Notes adventices à l'écriture des / en kana (syllabaires)

E1. Trois particules réclament l'attention (notes d'intérêt général) :

E1-a. La particule du thème prononcée WA s'écrit toujours HA は.

E1-b. La particule casuelle de la destination ("vers") s'écrit HE へ mais se prononce toujours E.

E1-c. La particule casuelle O – parfois transcrite WO – qui marque l'équivalent de notre complément d'objet direct, ou encore le lieu quitté ou parcouru, s'écrit toujours を. Cette graphie est réservée à ce seul emploi dans la langue d'aujourd'hui.

E2. YA, YU, YO

Ou bien ces syllabes sont indépendantes, telles quelles ou à l'intérieur d'un mot, auquel cas elles s'écrivent de la même grandeur, dans la colonne ou la ligne, que les signes qui précèdent et qui suivent. (Ex. KIYA きや et non KYA きゃ.) Ou bien il y a coalescence avec une précédente syllabe composée d'une consonne et de la voyelle i, auquel cas YA, YU et YO doivent être écrites d'une taille de moitié inférieure à ce qui précède ou ce qui suit, à droite de l'axe de la colonne, ou en-dessous de l'axe de la ligne (selon le type d'écriture, vertical ou horizontal). (Ex. KYA きゃ et non KIYA きや.)

E3. Le redoublement de consonnes se signale par un petit ***tsu*** avant la consonne. Comparer AKA あか (mot indigène pour "couleur rouge", 赤 en kanji) avec AKKA あっか (lexique sino-japonais, issu de AKU+KA, 悪化 en kanji, signifiant "détérioration").

Même positionnement de ce petit ***tsu*** que ***ya***, ***yu*** et ***yo*** en coalescence vus au § E2.

E4. Selon l'origine du mot, l'allongement de la syllabe en ***o*** (soit : ***ō***), peut passer par l'emploi d'un autre ***o*** (mot indigène) ou d'un ***u*** (lexique sino-japonais : ce dernier ***u*** implique un allongement de la syllabe ***ō***, sans plus).

La ville d'Osaka (mot indigène) s'écrit en hiragana おおさか ; en kanji : 大阪.

La ville de Tokyo (sino-japonais) s'écrit en hiragana とうきょう ; en kanji : 東京.

(Nous devrions écrire : Ōsaka, Tōkyō, et non pas Osaka et Tokyo.)

E5. Deux signes diacritiques permettent de sonoriser l'attaque des syllabes commençant par K, S, T et H.

Le premier, qui prend la forme de guillemets ou de deux accents graves superposés, dans le coin supérieur droit du signe d'origine, permet de passer des syllabes en K aux syllabes en G ; de S à Z (ou J) ; de T à D (ou J), et de H à B. Un petit rond, mêmement placé, permet de passer des syllabes en H aux syllabes en P (voir le Tableau des Sonorisations).

E6. Dans le lexique en katakana, un tiret dans l'axe de la colonne ou de la ligne implique d'allonger d'un temps la voyelle de la syllabe qui précède. Ex. : wāpuro ワープロ, venu de "word processor", pour "traitement de texte" (exemple type de lexique "japonisé" : la prononciation en est modifiée et le tout est abrégé).

E7. Historiquement, la consonne V n'a jamais existé en langue japonaise. Pour la transcription de mots d'origine étrangère, un système non officiel depuis peu mais fréquemment utilisé, doit être signalé : il s'agit du U en katakana, avec le signe diacritique, soit : ヴ, déjà évoqué.

Pour *violon*, vous trouverez soit バイオリン soit ヴァイオリン. Pour *Provence*, soit プロバンス, re-translittéré Purobansu, soit プロヴァンス, qui donnera Purovansu.

De même, pour obtenir en japonais des sons en F, on écrira des combinaisons telles que ファ : ファッション = fashion ; フェ : カフェ = café (établissement) ; フォ : フォーラム = forum; le son *ti* n'existant pas en japonais, on observera la graphie ティー pour le thé (prononcé à l'anglaise) .

F. La ponctuation

Depuis la fin du XIXe siècle, une ponctuation sous influence des langues européennes est apparue en langue japonaise. Les signes ne répondent pas toujours aux formes et aux usages auxquels nous sommes habitués.

Le point final s'écrit sous la forme d'un petit cercle, décalé sur la droite ou vers le bas : 。

La virgule se trace selon un axe différent de la nôtre : 、

Ne pas oublier qu'elle sert, comme dans les pays anglo-saxons, pour rendre notre point dans des séries de chiffres. Un point (plein) dans l'axe (colonne ou ligne) de la phrase sépare deux mots dans une énumération homogène ; il sert aussi de trait d'union. Décalé, il sert aussi de virgule décimale.

Nos guillemets sont rendus par des crochets (pour la citation) : 「……」

Ces guillemets (= les nôtres) servent au Japon le plus souvent pour isoler un titre : "……"

Les parenthèses simples ou doubles répondent au même emploi qu'en français. Une série de "virgules" ou de points dans la marge (en écriture verticale ou le long de la ligne) correspond à notre mise en italique. On rencontre également, au même effet, une ligne continue.

Le point d'interrogation et le point d'exclamation ont moins de raison d'être qu'en français. La particule interrogative finale, ainsi que d'autres particules finales (phatiques) en tiennent lieu. Les particules phatiques ajoutent une part de subjectivité, de pathos, au discours.

N. B. 1 : on notera dès maintenant que la langue japonaise ne sépare pas les mots par des blancs typographiques, d'où la nécessité d'être très attentif dans la lecture des textes des Leçons et des listes de vocabulaire.

N. B. 2 : l'écriture verticale est systématiquement utilisée au Japon dans les œuvres littéraires et dans les journaux, dans lesquels, par contre, les principaux titres sont écrits à l'horizontale. L'écriture horizontale est fréquente dans les manuels scolaires, les correspondances commerciales et dans les ouvrages académiques.

N. B. 3 : les Tableaux qui suivent, des HIRAGANA et des KATAKANA, ainsi que les Tableaux annexes (Sonorisation et Syllabes contractées) doivent faire l'objet d'une étude intensive de la part des lecteurs : ***ils doivent être appris par cœur !*** **Il serait vain d'aborder le texte des Leçons sans avoir maîtrisé le contenu de ces Tableaux. (Les chiffres arabes présents dans les Tableaux des hiragana et des katakana indiquent l'ordre des traits.)**

ABRÉVIATIONS

A	Adverbe
AD	Adverbe démonstratif
AI	Adverbe interrogatif
Aux	Auxiliaire
Conj	Conjonction
Cop	Copule
DeD	Démonstratif nominal
E	Enclitique / particule casuelle / marque de relation syntagmatique
I	Interrogatif
K	Interjection
Loc	Locution
MN	Mot nominal
MQ	Mot de qualité
MV1	Mot verbal ichidan
MV5	Mot verbal godan (yodan)
MVCo	Mot verbal composé
P	Particule du thème, du cumul ou autres
Pf	Particule finale
PI	Pronom interrogatif
Pr	Particule relationelle
PrD	Pronom démonstratif
Pre	Préfixe
QI	Qualificatif invariable
San	Sémantème annexe
Spec	Spécifique numéral
Suf	Suffixe

ご じゅう おん ず

五十音図 Gojûon-zu

Tableau des cinquante sons

Tableau des HIRAGANA / ひらがな

n	w	r	y	m	h	n	t	s	k		
ん n	わ wa	ら ra	や ya	ま ma	は ha	な na	た ta	さ sa	か ka	あ a	a
	*	り ri	*	み mi	ひ hi	に ni	ち *chi*	し *shi*	き ki	い i	i
	*	る ru	ゆ yu	む mu	ふ *fu*	ぬ nu	つ *tsu*	す su	く ku	う u	u
	*	れ re	*	め me	へ he	ね ne	て te	せ se	け ke	え e	e
	を (w)o	ろ ro	よ yo	も mo	ほ ho	の no	と to	そ so	こ ko	お o	o

Les chiffres et les flèches figurant dans les cases indiquent l'ordre et le sens du tracé des signes.

ごじゅうおんず

五十音図 Gojûon-zu

Tableau des cinquante sons

Tableau des KATAKANA / カタカナ

n	w	r	y	m	h	n	t	s	k		
ン n	ワ wa	ラ ra	ヤ ya	マ ma	ハ ha	ナ na	タ ta	サ sa	カ ka	ア **a**	a
	*	リ ri	*	ミ mi	ヒ hi	ニ ni	チ *chi*	シ *shi*	キ ki	イ **i**	i
	*	ル ru	ユ yu	ム mu	フ *fu*	ヌ nu	ツ *tsu*	ス su	ク ku	ウ **u**	u
	*	レ re	*	メ me	ヘ he	ネ ne	テ te	セ se	ケ ke	エ **e**	e
	ヲ (w)o	ロ ro	ヨ yo	モ mo	ホ ho	ノ no	ト to	ソ so	コ ko	オ **o**	o

Les chiffres et les flèches figurant dans les cases indiquent l'ordre et le sens du tracé des signes.

濁音 Dakuon / Sonorisation

Hiragana : (H) ／ Katakana : (K)

P		B		D(j)(z)		Z(J)		G	
(K)	*(H)*	*(K)*	*(H)*	*(K)*	*(H)*	*(K)*	*(H)*	*(K)*	*(H)*
パ pa	ぱ pa	バ ba	ば ba	ダ da	だ da	ザ za	ざ za	ガ ga	が ga
ピ pi	ぴ pi	ビ bi	び bi	ヂ **ji**	ぢ **ji**	ジ **ji**	じ **ji**	ギ gi	ぎ gi
プ pu	ぷ pu	ブ bu	ぶ bu	ヅ **zu**	づ **zu**	ズ zu	ず zu	グ gu	ぐ gu
ペ pe	ぺ pe	ベ be	べ be	デ de	で de	ゼ ze	ぜ ze	ゲ ge	げ ge
ポ po	ぽ po	ボ bo	ぼ bo	ド do	ど do	ゾ zo	ぞ zo	ゴ go	ご go

拗音 Yô-on / Syllabes contractées

HIRAGANA écriture verticale

12	11	10	9	8	7	6	5	4	3	2	1	／
py-	by-	j- (dy-)	j-	gy-	ry-	hy-	my-	ny-	ch-	sh-	ky-	
ぴゃ	びゃ	ぢゃ	じゃ	ぎゃ	りゃ	ひゃ	みゃ	にゃ	ちゃ	しゃ	きゃ	a
ぴゅ	びゅ	ぢゅ	じゅ	ぎゅ	りゅ	ひゅ	みゅ	にゅ	ちゅ	しゅ	きゅ	u
ぴょ	びょ	ぢょ	じょ	ぎょ	りょ	ひょ	みょ	にょ	ちょ	しょ	きょ	o

KATAKANA écriture verticale

12	11	10	9	8	7	6	5	4	3	2	1	／
py-	by-	j- (dy-)	j-	gy-	ry-	hy-	my-	ny-	ch-	sh-	ky-	
ピャ	ビャ	ヂャ	ジャ	ギャ	リャ	ヒャ	ミャ	ニャ	チャ	シャ	キャ	a
ピュ	ビュ	ヂュ	ジュ	ギュ	リュ	ヒュ	ミュ	ニュ	チュ	シュ	キュ	u
ピョ	ビョ	ヂョ	ジョ	ギョ	リョ	ヒョ	ミョ	ニョ	チョ	ショ	キョ	o

Tracé des kanji

Ainsi qu'il apparaît dans les Tableaux consacrés aux *kana* (*hiragana* et *katakana*), un certain ordre doit être respecté dans le tracé. Cet ordre est indiqué par des chiffres arabes. Pour les kanji également, l'ordre des traits doit être scrupuleusement respecté.
Le respect de l'ordre des traits a pour objectif d'amener à tracer les caractères de manière précise et équilibrée. Le décompte du nombre de traits revêt aussi une grande importance dans la recherche de sens d'un *kanji* inconnu.
Les règles s'appliquant au tracé des *kanji* sont du même ordre que celles qui régissent le tracé des *kana*, à savoir (voir aussi les modèles de tracés de kanji dans le texte des Leçons) :

1 / Les traits horizontaux se tracent de gauche à droite, ainsi que les points :

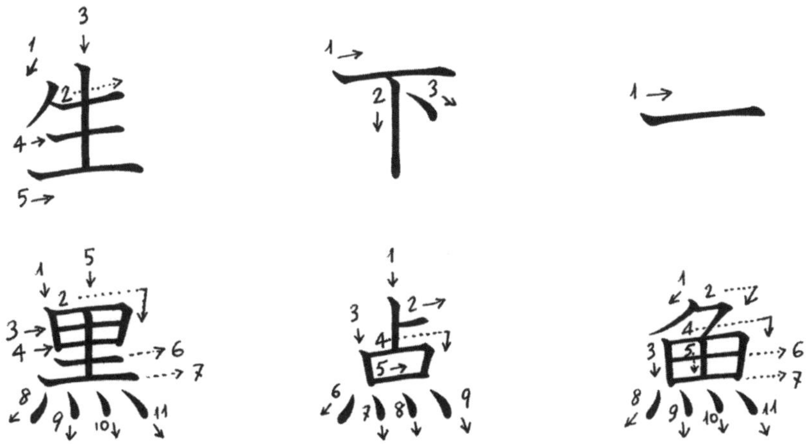

2 / Les traits verticaux se tracent de haut en bas :

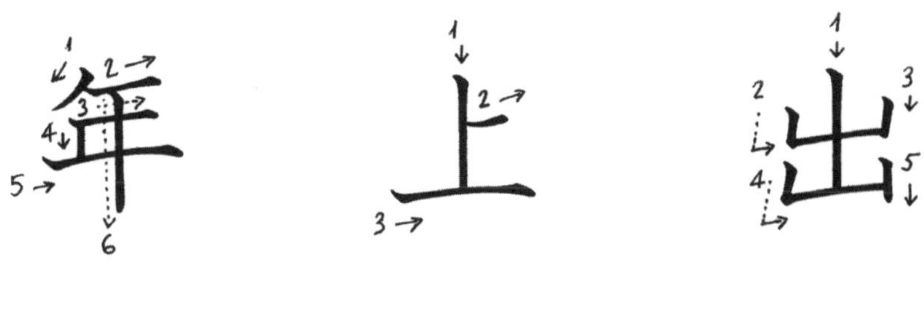

N. B. : le premier trait des caractères 生 et 年 est le trait incliné en haut à gauche.

3 / Le trait horizontal vient avant le trait vertical ou incliné (a) ; un trait enveloppant en “ coin ”, se poursuit à la verticale mais l’ordre des traits qui suivent peut être inversé (b) :

a.

b.

4 / Un trait final peut être central, soit vertical soit horizontal :

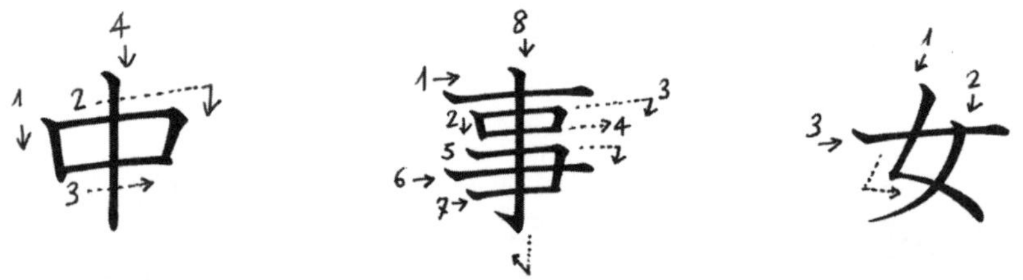

5 / On doit commencer par les traits centraux pour un certain nombre de kanji ou pour des parties de kanji :

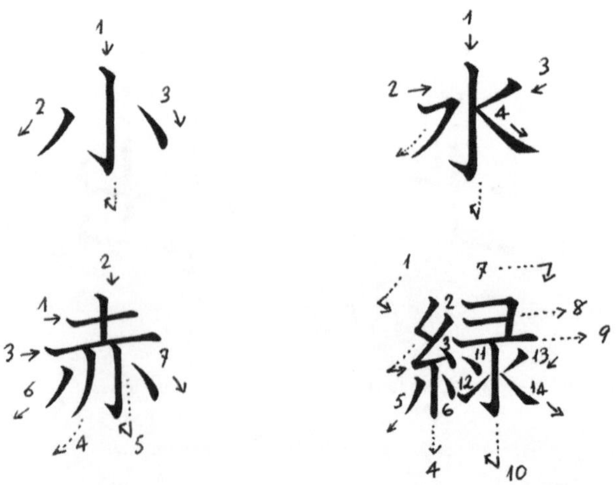

6 / Certains traits descendent, puis tournent à droite :

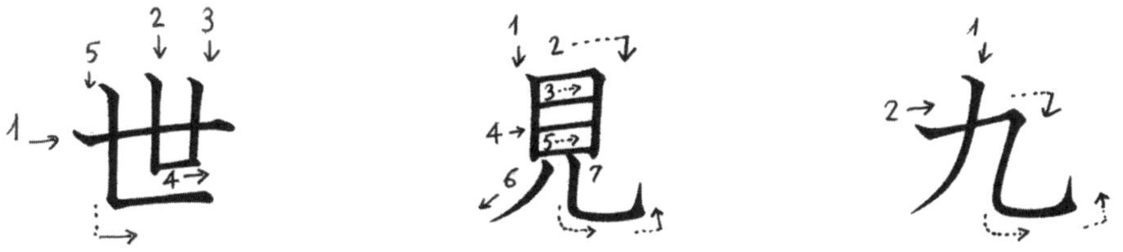

7 / Il existe des exceptions : le dernier trait de la clé de la glace et de la clé de l'eau remonte ; la clé du déplacement s'écrit en dernier (parties gauches) :

N. B. : les “clés” sont des parties de kanji, au nombre de 214 à l’origine. Elles servent à repérer un kanji inconnu dans un dictionnaire de kanji. Les clés sont classées par nombre croissant de traits et les kanji présentant la même clé sont eux-mêmes classés par nombre croissant de traits sous la rubrique de ladite clé.
Notez que les clés suivantes comptent chacune pour trois traits :

口 子 弓 阝 辶 夊

La clé du fil compte six traits : 糸

Variantes : on pourra être confronté par ailleurs, selon les imprimeurs et les éditeurs, à des variantes dans les polices des caractères. Exemples ci-après avec quatre types différents pour neuf kanji différents et pour cinq hiragana avec quatre polices différentes :

終 薬 遠 天 言 北 人 入 心 / き さ ふ ら り
終 薬 遠 天 言 北 人 入 心 / き さ ふ ら り
終 薬 遠 天 言 北 人 入 心 / き さ ふ ら り
終 薬 遠 天 言 北 人 入 心 / き さ ふ ら り

第一課　きっさてん

田中　先生、こちらはジルさんです。

ジル　はじめまして、ジルです。よろしくおねがいします。

先生　よろしく。ジルさんはいつ日本に来ましたか。

ジル　先月のはじめに来ました。

先生　日本語の学生さんですか。

ジル　はい、学生です。

先生　ジルさんはフランス人ですか。

ジル　いいえ、フランス人ではありません。ベルギー人です。

先生　それは何ですか。

ジル　これですか。どうぞ先生。ベルギーのおみやげです。

先生　クッキーですか。

ジル　いいえ、クッキーではありません。チョコレートです。

先生　ありがとう。

田中　先生、今日は大学にいらっしゃいますか。

先生　行きますよ。

田中　ジルさんも行きますか。

ジル　はい、行きます。

田中　では、三人でいっしょに行きましょう。

先生　田中さん、今日は車ですか。

田中　ええ、車で来ました。大学の近くを通りますからどうぞおのり下さい。

先生　ありがとう。

ジル　ありがとうございます。

****

Modèles de tracés de kanji 1 : Les chiffres

ordre des trais :	1	2	3	4	5
いち / **un** 一	一				
に / **deux** 二	一	二			
さん / **trois** 三	一	二	三		
し / **quatre** 四	丨	冂	冂丿	冂儿	四
ご / **cinq** 五	一	丆	𠀇	五	
ろく / **six** 六	丶	亠	亣	六	

Les lectures données ici sont les lectures sino-japonaises (lectures ON).
Pour les autres lectures, voir la Leçon 4.

第一課　きっさてん

田中　先生、こちらはジルさんです。

ジル　はじめまして、ジルです。よろしくおねがいします。

先生　よろしく。ジルさんはいつ日本に来ましたか。

ジル　先月のはじめに来ました。

先生　日本語の学生さんですか。

ジル　はい、学生です。

先生　ジルさんはフランス人ですか。

ジル　いいえ、フランス人ではありません。ベルギー人です。

先生　それは何ですか。

ジル　これですか。どうぞ先生。ベルギーのおみやげです。

先生　クッキーですか。

ジル　いいえ、クッキーではありません。チョコレートです。

先生　ありがとう。

田中　先生、今日は大学にいらっしゃいますか。

先生　行きますよ。

田中　ジルさんも行きますか。

ジル　はい、行きます。

田中　では、三人(さんにん)でいっしょに行きましょう。

先生　田中さん、今日は車(くるま)ですか。

田中　ええ、車で来ました。大学の近(ちか)くを通(とお)りますからどうぞおのり下(くだ)さい。

先生　ありがとう。

ジル　ありがとうございます。

****

Modèles de tracés de kanji 2 : Les chiffres

ordre des traits :	1	2	3	4	5	6
しち / **sept** 七	一	七				
はち/ **huit** 八	ノ	八				
きゅう / **neuf** 九	ノ	九				
じゅう / **dix** 十	一	十				
ひゃく / **cent** 百	一	丆	[illegible]	[illegible]	[illegible]	百
せん / **mille** 千	ノ	[illegible]	千			
Les lectures données ici sont les lectures sino-japonaises (lectures ON). Pour les autres lectures, voir la Leçon 4.						

daiikka kissaten
第一課　きっさてん

Seul texte de base donné en écriture horizontale avec translittérations.

ta naka　sen sei ko chi ra wa ji ru sa n de su
田中：先生、こちらはジルさんです。

ji ru　ha ji me ma shi te ji ru de su yo ro shi ku o ne ga i shi ma su
ジル：はじめまして、ジルです。よろしくおねがいします。

sen sei　yo ro shi ku ji ru sa n wa i tsu ni hon ni ki ma shi ta ka
先生：よろしく。ジルさんはいつ日本に来ましたか。

ji ru　sen getsu no ha ji me ni ki ma shi ta
ジル：先月のはじめに来ました。

sen sei　ni hon go no gaku sei sa n de su ka
先生：日本語の学生さんですか。

ji ru　h a i gaku sei de su
ジル：はい、学生です。

sen sei　ji ru sa n wa fu ra n su jin de su ka
先生：ジルさんはフランス人ですか。

ji ru　i i e fu ra n su jin de wa a ri ma se n be ru gī jin de su
ジル：いいえ、フランス人ではありません。ベルギー人です。

---

sen sei　so re wa nan de su ka
先生：それは何ですか。

ji ru　ko re de su ka d ō zo sen sei be ru gī no o mi ya ge de su
ジル：これですか。どうぞ先生。ベルギーのおみやげです。

sen sei　k u k k ī de su ka
先生：クッキーですか。

ji ru　　　i i e　kukkī　de wa a ri ma se n　cho ko rē to de su
ジル:　　いいえ、クッキーではありません。チョコレートです。

sen sei　　a r i g a t ō
先 生:　　ありがとう。

---

ta naka　　sen sei　kyō wa dai gaku ni i ra ssha i ma suka
田 中:　　先 生、今日は 大 学 にいらっしゃいますか。

sen sei　　i ki ma su yo
先 生:　　行きますよ。

ta naka　　ji ru sa n mo i ki ma su ka
田 中:　　ジルさんも行きますか。

ji ru　　　h a i　i ki ma su
ジル:　　はい、行きます。

ta naka　　de wa　san nin de i s s h o　ni　i k i m a s h ō
田 中:　　では、三 人 でいっしょに行きましょう。

sen sei　　kyō wa　kuruma de su ka
先 生:　　今日は　車　ですか。

ta naka　　e e　kuruma de kima shi ta　dai gaku no chikaku o tōri
田 中:　　ええ、　車　で来ました。大 学 の 近 くを通り

ma su ka ra dōzo　o no ri kuda sa i
ますからどうぞおのり 下 さい。

sen sei　　a r i g a t ō
先 生:　　ありがとう。

ji ru　　　a r i g a t ō　go za i ma su
ジル:　　ありがとうございます。

Vocabulaire Leçon 1

abrév.	mot/expression	prononciation	sens
MN	第一課	だいいっか daiikka	Leçon 1
MN	きっさてん	kissaten	café (le lieu) ; le café boisson est : コーヒー **kōhī**
MN	田中	たなか tanaka	nom propre : Tanaka
MN	先生	せんせい sensei	professeur, maître (se dit aussi pour un médecin, un avocat, etc ; peut s'ajouter au nom propre)
PrD	こちら	kochira	lieu, chose ou personne proche du locuteur, ou encore le locuteur lui-même (= je, moi). Fonctionne comme un MN
P	は	wa	particule marquant le thème de la phrase : voir explications.
MN	ジル	jiru	nom propre : Gil
Suf	さん	san	suffixe indispensable après un nom de personne ; le locuteur ne l'emploie jamais après son propre nom
Cop	です	desu	copule ; conclut l'assertion : voir explications.
Loc	はじめまして。 よろしく おねがいします。	hajimemashite. yoroshiku onegaishimasu.	formule de salutation employée lors d'une première rencontre « C'est la première fois (que je vous rencontre) ; j'en appelle à votre bienveillance.»
Loc	よろしく	yoroshiku	abréviation de la formule ci-dessus (familier)
I	いつ	itsu	quand ?
MN	日本	にほん nihon	le Japon (autre prononciation possible にっぽん **nippon**)
E	に	ni	enclitique marqueur du temps (ponctuel) ou du lieu
MVIrr.	来ました	き・ました kimashita	de 来る（く・る **kuru**）venir ; être venu
Pf	か	ka	particule finale de l'interrogatif

MN	先月	せんげつ sengetsu	le mois dernier
MN	はじめ	hajime	début
MN	日本語	にほんご nihongo	la langue japonaise
MN	学生	がくせい gakusei	un/e étudiant/e (des …)
K	はい	hai	oui ; s'utilise aussi pour dire qu'on est à l'écoute
MN	フランス	furansu	France
Suf	～人	じん jin	suffixe : ressortissant d'un pays
K	いいえ	iie	non
Cop	ではありません	dewaarimasen	forme négative de la copule
MN	ベルギー	berugī	Belgique
PrD	それ	sore	cela
PI	何	なん、なに nan, nani	interrogatif pour les objets, les faits
PrD	これ	kore	ceci
A	どうぞ	dōzo	vient en renfort des paroles qui suivent ; mais souvent aussi elliptique : invitation à l'action
MN	おみやげ	omiyage	cadeau, souvenir (ramené d'une région visitée)
MN	クッキー	kukkī	gâteau sec (de *cookie*)
MN	チョコレート	chokorēto	chocolat (dur) ; liquide on dit : ココア **kokoa**
Loc	ありがとう （ございます）	arigatō (gozaimasu)	merci (forme de l'atemporel) existe aussi à la forme **gozaimashita**, à l'accompli
MN	今日	きょう kyō	aujourd'hui (peut se prononcer **konnichi** en discours formel)
MN	大学	だいがく daigaku	université
MV5	いらっしゃいます	irasshaimasu	de いらっしゃる **irassharu**, aller (déférent) (cf. explication et L8)
MV5	行きます	い・きます ikimasu	de 行く（い・く **iku**）aller
Pf	よ	yo	particule finale phatique ; marque l'insistance

P	も	mo	aussi, après un MN ; même (combiné à MV ; particule du cumul)
Conj	では	dewa	dans ces conditions, eh bien, alors
MN	三人	さんにん sannin	trois personnes
E	で	de	particule marqueur du moyen/de la méthode/de la situation
Loc	いっしょに	isshoni	ensemble
MV	行きましょう	い・きましょう ikimashō	forme du MV 行く : voir explications
MN	車	くるま kuruma	voiture
K	ええ	ee	oui (informel)
MN	近く	ちか・く chikaku	proximité, voisinage
E	を	o	particule marqueur de l' ''objet direct'' ; ici : du lieu traversé.
MV5	通ります	とお・ります tōrimasu	de 通る（とお・る **tōru**）passer (sur une route, etc)
E	から	kara	particule marqueur après un MN du point de départ ; ici (après MV), revêt le sens de ''parce que'', ''comme''
MVCo	おのり下さい	おのり・くだ・さい onorikudasai	de のる **noru** monter et kudasai ; impératif déférent « Veuillez monter »
MV5	下さい	くだ・さい kudasai	sert à l'impératif des MV (2ème personne) ; s'utilise tel quel après un MN et l'enclitique を avec le sens « Donnez-moi… », « Je voudrais… »

Kanji du texte de base / Lectures *ON* et *kun* / Sens / Quelques composés

kanji	lectures	sens	composés
第	ダイ	degré préfixe ordinal	第三者/だいさんしゃ (tiers, tierce personne) 次第/しだい (suite, circonstances, suivant, dès que)
課	カ	département section / leçon	課長/かちょう (chef de département) 日課/にっか (programme du jour)
田	デン た	rizière	水田/すいでん (rizière)
中	チュウ なか	le milieu l'intérieur le dedans	真ん中/まんなか (plein milieu) 中央/ちゅうおう (centre) 日本中/にほんじゅう (dans tout le Japon)
先	セン さき	précédent plus tôt, antérieur destination, futur	先日/せんじつ (l'autre jour) 先端/せんたん (de pointe)
生	セイ、ショウ う・まれる／む い・きる／かす は・やす、お・う なま、き	vie, être né porter un enfant vivre, laisser vivre, pousser faire pousser pur, cru	人生/じんせい (vie humaine) 一生/いっしょう (toute une vie) 誕生日/たんじょうび (anniversaire) 生活/せいかつ (vie quotidienne) 二年生/にねんせい (élève de 2nde année) 生地/きじ (tissu, toile)
日	ニチ、ジツ ひ	soleil, jour	日程/にってい (programme journalier) 日によって/ひによって (selon les jours)
本	ホン もと	livre, origine ce---, spécifique numéral	本日/ほんじつ (aujourd'hui [formel]) 一本/いっぽん (un [objet long]) 本店/ほんてん (siège central)
来	ライ く・る	à venir futur, venir	将来/しょうらい (avenir) 未来/みらい (futur)
月	ゲツ、ガツ つき	lune, mois	半月/はんつき (15 jours) 月日/つきひ (le temps [litt.])
語	ゴ かた・る	récit mot, langue	語学/ごがく (linguistique) 外国語/がいこくご (langues étrangères)

学	ガク まな・ぶ	étude étudier	学校/がっこう（école） 文学/ぶんがく（littérature）
人	ジン、ニン ひと	homme personne	人間/にんげん（homme） 人々・人びと/ひとびと（les gens）
何	カ、ガ なに なんー	que ? quoi ?	何日/なんにち（quel jour du mois ?）何人/なんにん（combien de personnes ?）何本/なんぼん（combien [d'objets longs]）
今	コン いま	maintenant	今回/こんかい（cette fois-ci） 今頃/いまごろ（ces temps-ci）
大	ダイ おお・きい	grand, gros	大人/おとな（adulte） 大小/だいしょう（grands et petits）
行	コウ、ギョウ い・く、ゆ・く おこな・う	ligne aller mettre en œuvre	銀行/ぎんこう（banque） 行き先/いきさき（destination）
三	サン みっ・つ、み・つ み	trois	三日/みっか（le 3 du mois） 三人/さんにん（trois personnes） 三本/さんぼん（trois [objets longs]）
車	シャ くるま	voiture	電車/でんしゃ（train） 自動車/じどうしゃ（automobile） 自転車/じてんしゃ（bicyclette）
近	キン ちか・い	proche, près	近所/きんじょ（environs, alentours） 近代/きんだい（époque moderne）
通	ツウ、ツ とお・る／す かよ・う	passer	交通/こうつう（circulation） 普通/ふつう（ordinaire） 通信/つうしん（communication）
下	ゲ、カ お・ろす／りる さ・げる／がる くだ・る／す くだ・さる した、しも、もと	le bas / le dessous descendre recevoir	上下/じょうげ（haut et bas）下車/げしゃ（descendre de voiture / train） 下旬/げじゅん（dernière décade） 川下/かわしも（aval）下り電車/くだりでんしゃ（train quittant la métropole ou la capitale）

LEÇON 1 – Explications et commentaires

Généralités

Fondamentalement, il existe, au plan morphologique, deux types de mots dans la langue japonaise :

Les mots variables :
- Mots verbaux (MV)
- Mots de qualité (MQ)
- Suffixes fonctionnels (extensions qui suivent la racine des mots variables)
- La copule

Les mots invariables :
- Mots nominaux (MN), "pronoms", démonstratifs, adverbes, conjonctions, particules, qualificatifs invariables, etc…

Seuls les mots variables prennent donc une flexion ou un suffixe / une extension.

Au plan de la morphologie

Les mots variables :

- Les mots verbaux se rangent en 2 catégories, outre 2 mots verbaux irréguliers ; la marque du temps passe, en japonais, par deux formes en tout et pour tout : un atemporel et un passé (inaccompli et accompli).
- Les mots de qualité, rendus par des adjectifs en français, sont des mots indigènes qui fonctionnent selon un mode proche de celui du mot verbal.
- Les suffixes fonctionnels apportent des nuances complémentaires telles que le négatif, le passé, le niveau de langue, etc ; ils se combinent les uns aux autres après la racine du mot variable.

Les mots invariables :

- La majorité des mots invariables est constituée de mots nominaux (nos "substantifs" ou "noms").
- Les démonstratifs, pronoms et désignatifs personnels, ainsi que les adverbes, sont également invariables. (Quelques rares MN et désignatifs personnels peuvent prendre un indice du pluriel, mais sous la forme d'un suffixe.)
- Le qualificatif invariable se rend en français par un adjectif, mais au plan morphologie/syntaxe, il n'a rien de commun avec le mot de qualité (lequel prend une flexion propre).
- Les particules n'ont aucun équivalent en langue française : elles se rangent en trois catégories :
    a. Une particule thématique, qui sert également à la relativisation ; cette particule vient d'abord après un mot ou groupe nominal ou nominalisé ; elle est fréquente par ailleurs avant le négatif, auquel cas ce négatif n'est pas un négatif absolu. Il existe aussi une particule du cumul.
    b. Des particules casuelles - dites aussi "enclitiques", qui viennent d'abord entre un mot nominal et un mot verbal. Ultérieurement, nous verrons que des combinaisons de particules assument des fonctions de conjonctions de coordination.
    c. Des particules finales, dont une pour l'interrogatif et les autres "phatiques" ; elles viennent en fin d'énoncé, après le mot verbal ou la copule. Les "phatiques" ajoutent une nuance subjective, d'émotion, au discours.

N. B. : seuls les explications et les commentaires de la présente leçon font apparaître des translittérations où les mots figurent séparés par des blancs typographiques.
Les étudiants auront intérêt à recopier sur une fiche la liste de vocabulaire pour se préparer à la lecture du texte de chaque Leçon, d'une part, et pour se constituer, d'autre part, un index à partir des termes français.

Commentaires – Col. 1 du texte de la Leçon 1 :

Les paroles de Tanaka s'analysent en 3 groupes

1/ Le premier mot nominal interpelle en même temps qu'il désigne l'une des deux autres personnes présentes ; c'est un vocatif. Cette personne est professeur d'université – on le comprendra par la suite. (Note sur le lexique : le mot japonais pour "professeur" *sensei* désigne en fait toute personne plus âgée que le locuteur, un "ancien", donc susceptible d'en savoir plus que les autres.)

2/ Vient ensuite le mot こちら *kochira*, qui a valeur, ici, de désignatif personnel suivi de la particule は (écrite *ha* mais à prononcer *WA*. Il s'agit d'une convention et d'un des très rares cas où la prononciation d'une syllabe s'écarte de la norme). Ce 2ème groupe, parce qu'il comporte la particule *WA*, est le groupe du thème, à savoir du propos sur lequel est attirée l'attention de l'interlocuteur. Quand vous avez un problème pour interpréter *WA*, traduisez mentalement par : « en ce qui concerne… », « pour ce qui est de… ».

3/ Le 3ème et dernier groupe apporte une information, un commentaire, le "rhème" disent les linguistes, au sujet du thème / propos. Ce 3ème groupe comporte 3 mots : un nom propre, un suffixe et la "copule".
Le nom propre (nom de famille ou prénom) de l'interlocuteur ou d'un tiers (présent ou absent) doit toujours être suivi du suffixe さん *san* (ちゃん *chan* après le prénom dans le cas d'un enfant). Ce serait manquer à la politesse que de ne pas utiliser ce suffixe ; inversement, ce serait encore manquer à la politesse que d'utiliser ce suffixe après son propre nom.

La copule です *desu* （ではありません *dewaarimasen* au négatif ; en contraction : じゃありません *jaarimasen*） :

D'une part, la copule pose une équivalence entre la partie "commentaire" de l'énoncé, qu'elle conclut, et la partie thématique suivie de は *wa*. La copule ne fonctionne pas comme un verbe dans ce sens qu'*elle n'implique aucune action* : Après le thème / propos de l'énoncé, lequel est souligné par *wa*, la copule met ensemble, réunit, et pose la conclusion. D'autre part, elle implique un niveau de langue marquant le minimum de déférence.

Le groupe thématique conclu par は *wa* trouve en français un début de traduction du type « quant à… », « pour ce qui concerne… » (ceci pour donner une "traduction analytique" pour le rôle de la particule thématique) ; le groupe conclu par です *desu* trouve un début de traduction du type « je pose que… » « je déclare que… ».

Exemple : Dans bien des cas, à la traduction en français, le groupe suivi par は *wa* sera le sujet ; la copule です *desu* sera rendue par une des formes du verbe être, notamment « c'est… » ou « ce sont… ». Ainsi :

田中さんは日本人です。Tanaka san wa nihonjin desu :
M./Mme Tanaka est japonais(e).
ゆえさんは中国人です。Yue san wa chūgokujin desu :
M./Mme Yue est chinois(e).

MAIS :

1/ Dans nombre de cas, le thème, marqué par は, ne peut être ramené au sujet :

田中さんは車です。Tanaka san wa kuruma desu :
M./Mme Tanaka, (c') est (en) voiture (qu'il/elle est venu/e aujourd'hui).
私はコーヒーです。Watakushi wa kōhī desu :
(Pour ce qui est de) moi, c'est du café (que je veux boire).

Tout dépend, en la matière, du contexte !
(On entend souvent *watashi* à la place de *watakushi*.)
La leçon générale à retenir : *ne jamais confondre* は *wa*, indice du thème, avec un indice du sujet, même si, à la traduction, le mot ou groupe suivi de *wa* peut devenir le sujet.

2/ です *desu* peut se traduire très souvent par le verbe *être* en français. Mais il existe deux mots verbaux japonais pour « être », qui signalent de manière spécifique l'existence. (MV1 いる *iru* pour les être animés ; MV5 ある *aru* pour les objets.)

Encore un mot sur la structure ----------*wa*----------*desu* :

Cette structure de phrase, telle quelle ou développée, est très fréquente. Pensez qu'elle a un exact équivalent en français parlé. Ainsi, au lieu de <Je n'aime pas trop la bière>, on entendra : <La bière[wa], je n'aime pas trop>. A la place de <Le père de Jean est ingénieur>, on entendra : <Jean[wa], son père[ga] est ingénieur> (*ga*, par contre, est marqueur du sujet).

L'enclitique (particule casuelle) に *ni* :

Elle réunit un mot nominal, qu'elle suit, à un mot verbal, qu'elle précède. Sa valeur sémantique est bien plus vaste que la préposition " à " en français : elle marque le temps, le lieu où l'on se trouve ou encore où l'on se rend (mais non pas le lieu où se déroule une action), l'attribut, l'agent d'un verbe au passif, etc. De façon générale NI marque le "point de levier" de l'action.

Dans le texte, Col. 3, elle marque le lieu (au Japon) et, Col. 4, le moment (au début du mois dernier).

L'enclitique の *no* :

C'est la particule de la détermination. Elle apparaît essentiellement entre deux mots nominaux :

右の車(migi no kuruma)	: la voiture de droite
左の車（hidari no kuruma）	: la voiture de gauche.
田中さんの車（Tanaka san no kuruma）	: la voiture de M./Mme Tanaka
私の車（watakushi no kuruma）	: ma voiture

Dans ces deux derniers exemples, le rapport de détermination recouvre le sens de possession. Ce ne sera pas toujours le cas.

N. B. : le mot qui détermine précède toujours le mot qui est déterminé.

Le mot verbal くる *kuru* et le mot verbal する *suru*, MV irréguliers :

来る *kuru*, venir, est, avec する *suru*, faire, l'un des deux mots verbaux irréguliers. Tout mot verbal à sa forme du dictionnaire (qui ne correspond pas à notre infinitif) se termine par le son U. (Pour les deux grandes catégories morphologiques, voir Leçon 2.)

Tout mot verbal en fonction conclusive (= fin de phrase) doit être utilisé, au début de l'étude, accompagné du suffixe fonctionnel –ます *masu*.

くる *kuru*, avec ce suffixe devient きます *kimasu* / する *suru* devient します *shimasu*.

Le suffixe fonctionnel – ます *masu* :

Le suffixe –ます est porteur du niveau de langue à adopter vis-à-vis d'une personne que l'on rencontre pour la première fois. Il implique ainsi le niveau minimum de déférence ; il est indispensable pour ce faire.

Note 1 : c'est ce suffixe, et non pas un équivalent de nos pronoms personnels, qui marque que les propos échangés le sont dans un équivalent du vouvoiement.

Note 2 : l'emploi de ce suffixe est indépendant du sujet grammatical de la phrase. On observera à ce propos que de nombreuses phrases se passent de sujet grammatical.

La flexion verbale incluant l'extention –ます prend la particule finale か *ka* pour former l'interrogatif. L'ordre des mots ne change pas par rapport à l'affirmatif.

–ます a valeur d'atemporel. Le passé de ce suffixe est –ました *mashita*.

いつ来ましたか。itsu kimashita ka : Quand êtes-vous venu/e/s ?

Le négatif à l'atemporel est –ません *masen* ; le négatif au perfectif est –ませんでした *masendeshita*.

行きません。ikimasen	: Je n'y vais pas.
行きませんでした。ikimasendeshita	: Je n'y suis pas allé/e.
行きませんでしたか。ikimasendeshita ka	: Vous n'y êtes pas allé/e/s ?

Les déterminatifs de la série KO- / SO- / A- / DO- :

Nous rencontrerons plusieurs séries de mots commençant par ces syllabes. La première est constituée de これ, それ, あれ, qui sont des pronoms déterminatifs, et どれ, qui est un interrogatif. Ces 4 mots, qui fonctionnent comme des mots nominaux, désignent des objets :

これ *kore*	: un objet proche du locuteur ; ceci.
それ *sore*	: un objet proche de l'interlocuteur ; cela.
あれ *are*	: un objet éloigné du locuteur et de l'interlocuteur ; cela, là-bas.
どれ *dore*	: interrogatif (lequel, laquelle, lesquels, lesquelles ?) de l'objet.

どれ ne doit pas être confondu avec なに（何）*nani* (なん *nan* devant K/G, T/D, S/J ou N ; H est remplacé par B ou P), qui porte sur la nature de la chose, alors que どれ porte sur sa position.

それは何ですか。sore wa nan desu ka	: Cela, qu'est-ce que c'est ?
→これはクッキーです。kore wa kukkī desu	: Ceci, c'est des cookies.
クッキーはどれですか。kukkī wa dore desu ka	: Les cookies, ce sont lesquels ?
→クッキーはこれです。kukkī wa kore desu	: Les cookies, c'est ceci.

Note sur l’emploi des désignatifs personnels :

Le lexique correspondant à nos pronoms personnels est vaste, et d’emploi délicat. La langue japonaise se passant par ailleurs souvent de sujet grammatical, il est préférable de s’habituer d’emblée à ne pas faire figurer de sujet dans les phrases. Si une question s’adresse à un interlocuteur parmi d’autres, employer son nom propre, suivi de さん, ou de son titre. (Voir par ailleurs Leçons 8 et 9.)

Forme en –ましょう *mashō* du suffixe –ます *masu* :

Cette forme constitue une invitation à passer à l’action ; elle équivaut à un impératif de la première personne du pluriel :

行きましょう。ikimashō : Allons-y !

Elle peut être suivie de la particule interrogative ; elle correspond à une proposition/invitation du même ordre :

行きましょうか。ikimashō ka : Si nous y allions ? Si on se mettait en route ?

La particule du cumul も *mo* :

Cette particule apparaît entre un mot nominal et un mot verbal, avec le sens de “aussi / également”.

田中さんは大学に行きます。Tanakasan wa daigaku ni ikimasu :
M/Mme Tanaka va à l’université.
山田さんも行きます。Yamadasan mo ikimasu :
M/Mme Yamada y va aussi.

Elle peut se combiner avec la particule に marquant le lieu :

パリに行きます。Pari ni ikimasu : Je vais à Paris.
ロンドンにも行きます。Rondon nimo ikimasu : Je vais aussi à Londres.

On peut trouver également deux occurrences de も;

田中さんも山田さんも行きます。Tanakasan mo Yamadasan mo ikimasu :
Et M/Mme Tanaka et M/Mme Yamada y vont.

La particule で *de* (après mot nominal, avant mot verbal) :

Cette enclitique marque la situation, le lieu où se déroule une action, la méthode, le moyen, l’instrument, le mode de transport. Ici :

三人で行きます。sannin de ikimasu : Nous (y) allons à trois.
車で行きます。kuruma de ikimasu : J(’y) vais en voiture.

La particule を *o* (après mot nominal, avant mot verbal) :

Elle marque le complément d’ “objet direct” et l’espace parcouru ou traversé. C’est comme marqueur du lieu parcouru (近く *chikaku*, la proximité) qu’elle apparaît dans la phrase (Col. 20) prononcée par Tanaka.

La particule から *kara* :

Attention : deux cas de figures :

1/ Après un mot nominal et avant un mot verbal ou la copule, elle indique le point de départ ou le moment où débute une action :

東京から来ました。Tōkyō kara kimashita : Je suis venu de Tōkyō.
八時からです。hachiji kara desu : C’est (cela commence) à partir de 8 heures.

2/ Après un mot verbal ou un mot de qualité ou encore la copule, elle indique la cause/ la raison :

通りますから tōrimasu kara : Comme / puisque je passe

近いから chikai kara : Comme c'est près / proche

日本人ですから nihonjin desu kara :
Comme je suis japonais / Comme il/elle est japonaise(e)

Dans ce dernier cas, la particule から ne relie pas un mot à un autre mot, mais un groupe complet à un autre groupe complet.

N. B. : les particules forment le ciment entre les mots et doivent retenir à ce titre toute votre attention. Elles seules font sens entre les mots, selon des modalités qui diffèrent de celles de nos prépositions, dont elles doivent être distinguées.

****

Tableau des formes en –ます *masu* de quatre mots verbaux (MV)

行く/いく (aller)	通る/とおる (passer)
行きます : aller	通ります : passer
行きません : ne pas aller	通りません : ne pas passer
行きました : être allé	通りました : être passé
行きませんでした : ne pas être allé	通りませんでした : ne pas être passé

する (faire)	来る/くる (venir)
します : faire	来(き)ます : venir
しません : ne pas faire	来(き)ません : ne pas être venu
しました : avoir fait	来(き)ました : être venu
しませんでした : ne pas avoir fait	来(き)ませんでした : ne pas être venu

N. B. : chacune des formes de ce Tableau peut prendre comme sujet grammatical, exprimé ou non, "je-tu-il-nous-vous-ils".
Les formes en –ます *masu* impliquent le niveau minimum de déférence vis-à-vis de l'interlocuteur.
Ne pas oublier, par ailleurs, que les formes en –ます *masu* et –ません *masen* relèvent de *l'atemporel*, lequel correspond à notre présent et à notre futur.

Les niveaux de langue

La problématique des niveaux de langue paraîtra difficile au débutant, mais elle présente une logique sans faille. C'est en annexe de la Leçon 8 que ce manuel présente un tableau des MV dits "déférents" et des MV dits "humbles".

Il faudra retenir assez tôt que le verbe français *donner* doit se traduire de façon différente, selon qui donne à qui.

Un certain nombre de mots verbaux, au nombre d'une douzaine, sont remplacés par d'autres, plus déférents, lesquels ne peuvent absolument pas décrire une action du locuteur. Ces mots verbaux "exaltent" autrui, et par là-même permettent de se dispenser de désignatifs personnels. En d'autres termes, l'équivalent de nos pronoms "je-tu-il-nous-vous-ils", est sous-entendu *dans le mot verbal lui-même*.

On a un exemple d'un tel mot verbal, *irassharu* いらっしゃる, Col. 14 ; ce MV remplace *iru* いる *être*, *iku* 行く *aller*, et *kuru* 来る *venir*, lorsque l'on veut marquer plus de déférence vis-à-vis de la personne qui fait l'action.

Ce mot verbal s'entend fréquemment à la forme figée *irasshaimase* いらっしゃいませ à titre de salutation de bienvenue, quand on pénètre dans un magasin ou dans un restaurant, etc.

Autre exemple : l'impératif.

Tout mot verbal trouve un équivalent de notre impératif une fois mis à sa "forme en TE" (voir Leçon 3) suivie du MV KUDASAI 下さい (forme figée). Ainsi, à partir de *noru* のる, *monter* (dans un moyen de transport), on aura *nottekudasai* のって下さい, "Montez, je vous prie ! ". On peut obtenir un impératif plus déférent encore, en faisant précéder la base en –i de *noru* du préfixe honorifique *o* お, le tout étant suivi de *kudasai*, soit *onorikudasai* おのり下さい, qui figure Col. 21. (Voir Leçon 2, les Tableaux des mots verbaux et Leçon 8, le Tableau des mots verbaux dits "humbles" et "exaltants".)

La question des niveaux de langue ne peut être traitée dans un manuel de première année au nombre de pages limité. Pour autant, les débutants trouveront dans le présent manuel une solide introduction à cette matière. Beaucoup passe par le mot verbal, et lui seul, ainsi que par les diverses formes et extensions de la copule. Pour certains mots verbaux, notamment *donner* en japonais, nous présenterons les explications nécessaires dans le corps du texte. (Voir Leçons 5 et 6.)

Une dernière formule à signaler figure à la fin de la Leçon 1 : il s'agit de l'extension *gozaimasu* –ございます qui suit *arigatō* ありがとう. *Gozaimasu* ございます remplit ici le rôle d'une flexion déférente, après la locution *arigatō*, à traduire par "Merci bien ! ".

On pourra entendre également, par ailleurs, *de̲gozaimasu* で̲ございます, version plus déférente de la copule *desu* です. (Voir Leçon 4.)

L1　練習問題 / れんしゅうもんだい/ **Exercices L1**

Exercice L1 - 1　Ecrivez les locutions courantes suivantes en hiragana et kanji.

1. Ohayōgozaimasu / おはようございます / Bonjour ! (le matin)
2. Konnichiwa / こんにちは（今日は）/ Bonjour ! (dans la journée)
3. Konbanwa / こんばんは（今晩は）/ Bonsoir !
4. Sayōnara / さようなら / Au revoir !
5. Arigatōgozaimasu / ありがとうございます / Merci beaucoup (inaccompli)
6. Arigatōgozaimashita / ありがとうございました / Merci beaucoup (accompli)
7. Sumimasen / すみません / Pardon !
8. Gomennasai / ごめんなさい / Je vous demande pardon.
9. Kiotsuketekudasai / きをつけてください（気を付けて下さい）/ Faites attention !
10. Ogenkidesuka / おげんきですか（お元気ですか）/ Comment allez-vous ?
11. Okagesamade / おかげさまで / (Je vais bien) Grâce à vous.
12. Itadakimasu / いただきます / (Se dit quand on reçoit quelque chose, notamment à manger ou boire)
13. Gochisōsamadeshita / ごちそうさまでした / Merci pour ce repas.
14. Iie, kekkōdesu / いいえ、けっこうです / Non merci.
15. Yoroshikuonegaishimasu / よろしくおねがいします / Merci d'avance.

Exercice L1 - 2　A partir de la traduction en français du texte de la Leçon 1, donnée en fin de volume, retraduisez toutes les phrases vers le japonais, puis auto-corrigez-vous. Avant d'aborder la Leçon 2, assurez-vous de ne plus hésiter dans la lecture et l'écriture des *kana*, les deux syllabaires. **Mieux vaut travailler intensément, et lentement, quant aux questions d'écriture, que de tenter d'avancer dans les Leçons suivantes.**

Exercice L1 - 3 *　Version : traduisez en français les phrases suivantes.

1. ジャン：田中さん、これは何ですか。
2. 田中：それはしんぶんです。（しんぶん = journal）
3. ジャン：これもしんぶんですか。
4. 田中：いいえ、それはしんぶんではありません。それはざっしです。（ざっし = revue）
5. 田中：あれはジャンさんのかばんですか。（かばん = sac）

6. ジャン：はい、あれは私のかばんです。
7. 田中：それもジャンさんのかばんですか。
8. ジャン：いいえ、これは私のかばんではありません。これは先生のかばんです。
9. 今日はバスで大学に行きます。（バス = bus）
10. ピエールさんは昨日フランスから来ました。（昨日/きのう = hier）
11. 先月車で京都に行きました。（京都/きょうと = Kyōto）
12. 田中さんは車で大学に行きますから駅の近くを通りません。（駅/えき = gare）
13. ジャンさんはバスで大学に行きますからきっさてんの近くを通ります。
14. ジャン：田中さん、これはフランスのワインです。どうぞ。（ワイン = vin）
15. 田中：ありがとうございます。
16. 田中：ジャンさん、いっしょにきっさてんへ行きましょう。
17. ジャン：はい、行きましょう。

Exercice L1 - 4 * Complétez les phrases suivantes avec des particules après avoir étudié les phrases équivalentes en français.

1. Pierre, est-ce que vous allez à l'université ?
2-a. Monsieur le professeur, est-ce votre voiture ?
2-b. Monsieur le professeur, êtes-vous venu en voiture ?
3. Monsieur Tanaka est venu en voiture.
4. Ceci, c'est un cadeau du Japon.
5. Allons-y tous les trois ensemble !
6. M. / Mme/ Mlle Yamada n'est pas étudiant(e) de l'Université de Paris.
7. Ce cours commence / est à 8 heures du matin.
8. M. Tanaka aussi M. Yamada aussi sont Japonais.
9. Est-ce que vous passez à proximité de l'université ?

1. ピエールさん(　　)大学(　　)行きますか。
2. 先生(　　)車ですか。
3. 田中さん(　　)車(　　)来ました。
4. これ(　　)日本(　　)おみやげです。
5. 三人(　　)いっしょに行きましょう。
6. 山田さん(　　)パリ大学(　　)学生ではありません。
7. その授業(　　)朝八時(　　　)です。（授業/じゅぎょう = cours, 朝/あさ = matin）
8. 田中さん(　　)山田さん(　　)日本人です。
9. 大学(　　)近く(　　)通りますか。

Exercice L1 - 5 * Thème : traduisez en japonais les phrases suivantes.

Nakata : Monsieur le professeur, je vous présente Jean.
Jean : Bonjour, je m'appelle Jean. J'en appelle à votre bienveillance.
Le Prof: Bonjour ! Jean, quand êtes-vous venu à Osaka ?
Jean : Je suis venu à la fin du mois dernier. (fin [de mois] = 末/すえ)
Le Prof : Etes-vous étudiant ?
Jean : Non, je ne suis pas étudiant. Je suis enseignant.
(enseignant = 教師/きょうし)

Jean: Gil, êtes-vous Anglais ? (Anglais = イギリス人/ イギリスじん)
Gil : Non, je ne suis pas Anglais, je suis Belge.
Jean : Qu'est-ce que c'est que cela ?
Gil : Ce sont des chocolats.
Jean : Ce sont des chocolats de Belgique ?
Gil : Oui, ce sont des chocolats de Belgique. C'est un cadeau.
Je vous en prie !

Nakata : Monsieur le professeur, aujourd'hui vous allez à l'université ?
Le Prof : Oui, j'y vais.
Nakata : Jean, vous êtes en voiture ?
Jean : Non, je ne suis pas en voiture.
Nakata : Jean, vous aussi allez à l'université ?
Jean : Oui, j'y vais.
Nakata : Comme j'y vais moi aussi, allons-y à trois.

Quelques proverbes et dictons

諺／ことわざ

花より団子／はなよりだんご

Préférer l'utile à l'agréable

(花／はな＝fleur, より＝marqueur du premier élément de la comparaison, 団子／だんご＝boulette sucrée. N. B. : il y a ellipse de la copule, systématique dans les proverbes et dictons.)

一期一会／いちごいちえ

Une seule rencontre vaut toute une vie

(一期／いちご＝une période, 一会／いちえ＝une rencontre. N. B. : les prononciations s'écartent de la norme.)

十人十色／じゅうにんといろ

Des goûts et des couleurs

(十人／じゅうにん＝dix personnes, 十色／といろ＝dix couleurs)

第二課　車の中で

ジル　大きい車ですね。日本車ですか。

田中　いいえ、日本車じゃありません。ドイツの車です。半年前に買いました。

ジル　新車ですか。

田中　いいえ、中古で買いました。ですから、あまり高くはありませんでしたよ。

先生　田中さん、大学まで何分かかりますか。

田中　そうですね、十五分ぐらいかかりますね。

ジル　あのビルは何ですか。

田中　あれはホテルニューオータニのガーデンタワーです。今年の三月に出来ました。

ジル　とてもきれいなビルですね。だれがデザインしましたか。

先生　有名な人ですよ。鈴木一郎さんという人です。アメリカやヨーロッパでも立派な仕事をしている人です。

ジル　このホテルの上のレストランから新宿は見えますか。

田中　ええ、新宿は近いからよく見えますよ。

先生　南の方には東京タワーや海も見えます。

****

Modèles de tracés de kanji 3 : Caractères initiaux pour les jours de la semaine　(lectures ON)

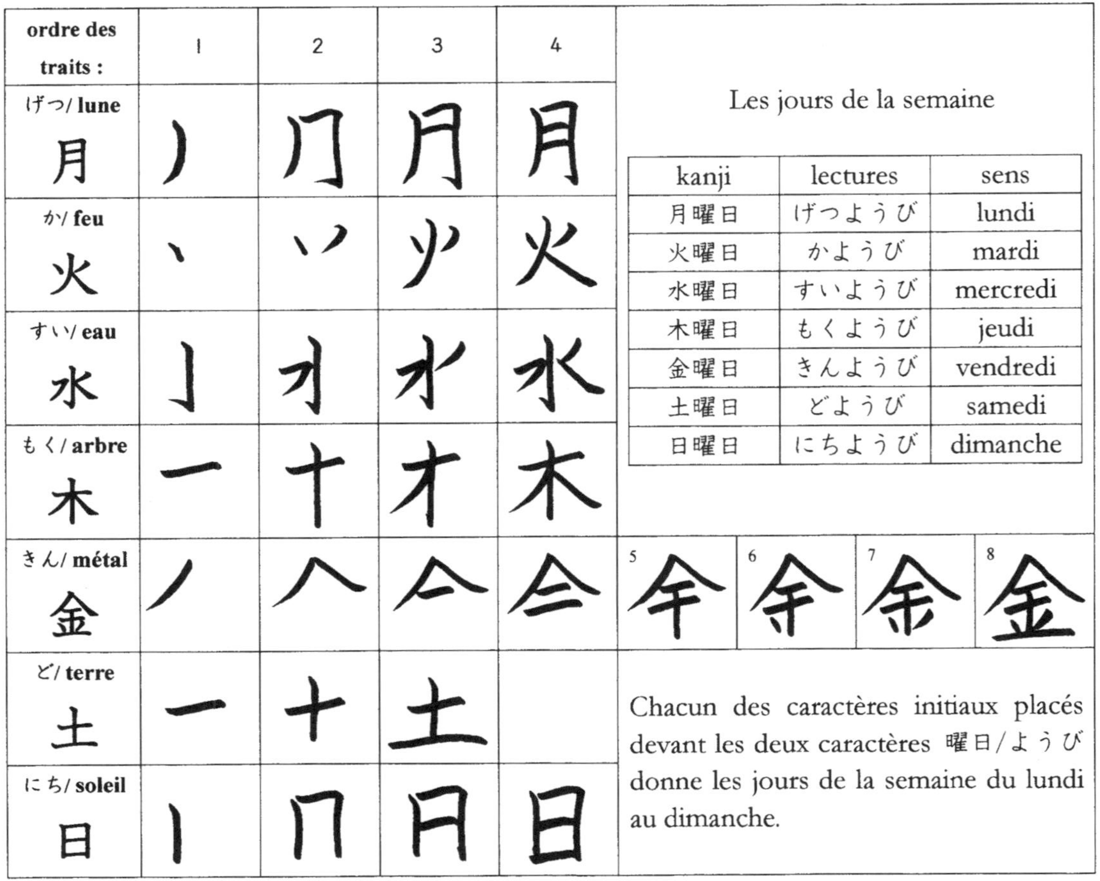

Les jours de la semaine

kanji	lectures	sens
月曜日	げつようび	lundi
火曜日	かようび	mardi
水曜日	すいようび	mercredi
木曜日	もくようび	jeudi
金曜日	きんようび	vendredi
土曜日	どようび	samedi
日曜日	にちようび	dimanche

Chacun des caractères initiaux placés devant les deux caractères 曜日/ようび donne les jours de la semaine du lundi au dimanche.

第二課(だいにか)　車の中(なか)で

ジル　大(おお)きい車ですね。日本車(にほんしゃ)ですか。

田中　いいえ、日本車じゃありません。ドイツの車です。

　　　半年前(はんとしまえ)に買(か)いました。

ジル　新車(しんしゃ)ですか。

田中　いいえ、中古(ちゅうこ)で買いました。

　　　ですから、あまり高(たか)くはありませんでしたよ。

先生　田中さん、大学まで何分(なんぷん)かかりますか。

田中　そうですね、十五分(じゅうごふん)ぐらいかかりますね。

ジル　あのビルは何(なん)ですか。

田中　あれはホテルニューオータニのガーデンタワーです。

　　　今年(ことし)の三月(さんがつ)に出来(でき)ました。

ジル　とてもきれいなビルですね。だれがデザインしましたか。

先生　有名(ゆうめい)な人(ひと)ですよ。鈴木一郎(すずきいちろう)さんという人です。

　　　アメリカやヨーロッパでも立派(りっぱ)な仕事(しごと)をしている人です。

ジル　このホテルの上(うえ)のレストランから新宿(しんじゅく)は見(み)えますか。

田中　ええ、新宿は近(ちか)いからよく見えますよ。

先生　南(みなみ)の方(ほう)には東京(とうきょう)タワーや海(うみ)も見えます。

****

Modèles de tracés de kanji 4 :
Lectures *ON* en katakana, lectures *KUN* en hiragana

lectures / ordre des traits :		1	2	3	4	5	6	7	8
大 **grand**	ダイ・タイ おお(きい) おお(いに)	一	ナ	大					
人 **personne**	ジン・ニン ひと	ノ	人						
会 **rencontrer**	カイ・エ あ(う)	ノ	𠆢	亼	亼	会	会		
国 **pays**	コク くに	丨	冂	冂	冂	囯	囯	国	国
年 **année**	ネン とし	ノ	𠂉	𠂉	𠂉	年	年		
中 **dedans**	チュウ なか	丨	冂	口	中				

Vocabulaire Leçon 2

N. B. : à partir de la présente Leçon 2, les prononciations sont données en hiragana.

abrév.	mot/expression	prononciation	sens
MN	中	なか	le dedans / l'intérieur ; dans
MQ	大きい	おお・きい	grand, gros
Pf	ね		particule phatique, demande d'acquiescement de la part de l'interlocuteur
MN	日本車	にほんしゃ	voiture japonaise
MN	ドイツ		Allemagne
MN	半年	はんとし	demi-année, six mois
MN	前	まえ	l'avant, le devant (→ avant de, *mot- outil*)
MV5	買う	か・う	acheter
MN	新車	しんしゃ	voiture neuve
MN	中古	ちゅうこ	(d') occasion, (à l') état ancien
Loc	ですから		pour cette raison, donc
A	あまり／あんまり		pas très (avec négatif)
MQ	高い	たか・い	élevé, cher, onéreux
E	まで		jusque (dans le temps et l'espace)
MN	分	ふん (ぷん)	minute (spécifique numéral)
MV5	かかる		demander (une heure), valoir (800 Yen)
Loc	そうですね		"C'est cela" ou "Voyons voyons" ; voir explications.
Nu	十五	じゅうご	quinze
San	くらい／ぐらい		environ (sauf après indication d'une heure précise)
DeD	あの		ce/cette/ces … là-bas
MN	ビル		building, bâtiment
MN	ホテルニューオータニ		Hotel New Otani (nom propre)
MN	ガーデンタワー		Garden Tower (nom propre)
MN	今年	ことし	cette année
MN	三月	さんがつ	mars
MV1	出来る	でき・る	pouvoir, être achevé

A	とても		très
QI	きれい		beau, propre
P	な		particule indispensable entre un QI et MN
I	だれ		interrogatif de la personne “qui ?” s’utilise comme un MN
E	が		enclitique marquant le sujet
MN	デザイン		design
MVIrr.	デザインする		concevoir
QI	有名	ゆうめい	célèbre
MN	人	ひと	(une) personne
MN	鈴木一郎	すずき・いちろう	nom propre : Suzuki Ichirō
Loc	という		Entre deux MN, sert à préciser le second par le premier
MN	アメリカ		Amérique
P	や		particule de l’énumération non exhaustive (entre MN) : … et …
MN	ヨーロッパ		Europe
E + P	でも		(combinaison de particules) en / avec … également
QI	立派	りっぱ	magnifique, qui a de l’allure
MN	仕事	しごと	travail
MVIrr.	している		forme en “ て ” du MV する (faire) + いる : exprime la situation en cours
DeD	この		ce / cette / ces … ci (cf. あの)
MN	上	うえ	le haut / le dessus
MN	レストラン		restaurant
E	から		particule marquant le point de départ (cf. L1)
MN	新宿	しんじゅく	Shinjuku, quartier d’affaires central de Tōkyō
MV1	見える	み・える	être visible
MQ	近い	ちか・い	proche, près

MQ	よく		Forme ancienne très usitée de いい (MQ), issue de la forme よい, en fonction converbale : “souvent”, “bien”
MN	南	みなみ	sud
MN	方	ほう	côté, direction (et *mot-outil* dans l’expression du choix)
E + P	には		combinaison de particules
MN	東京	とうきょう	Tōkyō
MN	タワー		tour (bâtiment)
MN	海	うみ	mer

****

Modèles de tracés de kanji　5 :

Lectures ON en kana, lectures KUN en hiragana

sens ＼	lectures ＼	ordre des traits				
本 **livre, origine**	ホン もと	1 一	2 十	3 才	4 木	5 本
東 **est**	トウ ひがし	1	2	3	4	5
		6	7	8 東		
時 **heure, temps**	ジ・ とき	1	2	3	4 日	5
		6	7	8	9	10 時
出 **sortir**	シュツ <スイ> で（る） だ（す）	1	2	3	4	5 出

Kanji du texte de base / Lectures *ON* et *kun* / Sens / Quelques composés

kanji	lectures	sens	composés
半	ハン なか・ば	moitié	半分/はんぶん（moitié） 前半/ぜんはん（1ère moitié） 後半/こうはん（2ème moitié）
年	ネン とし	an, année	一年半/いちねんはん（un an et demie）生年月日/せいねんがっぴ (date de naissance）学年/がくねん (année [cycle universitaire])
前	ゼン まえ	devant, avant	前日/ぜんじつ (jour d'avant) 前後/ぜんご (avant et arrière, environ)
買	バイ か・う	acheter	販売/はんばい（ventes） 売買/ばいばい (achat et vente / affaires)
新	シン あたら・しい あらた・に	neuf, nouveau de nouveau	「新年（しんねん）あけまして おめでとう」(“Bonne année”) 新人/しんじん (nouveau venu [sur la scène])
古	コ ふる・い ふる・す	ancien, vieux user	古本/ふるほん（livre d'occasion） 古語/こご（langue ancienne） 使い古す/つかいふるす (user jusqu'à la corde)
高	コウ だか、たか・い たか・まる たか・める	élevé, haut s'élever élever, augmenter	高低/こうてい（hauts et bas） 名高い/なだかい（de / en renom） 売上高/うりあげだか (montant des ventes)
分	フン、ブン、ブ わ・ける わ・かつ わ・かれる わ・かる	minute, part diviser / partager se séparer être clair comprendre	自分/じぶん（soi-même） 部分/ぶぶん（partie） 見分ける/みわける（discerner） 分別/ぶんべつ（distinction） 三分の二/さんぶんのに（deux tiers）
出	シュツ、スイ だ・す で・る	sortie sortir (tr. / intr.)	日の出/ひので（lever du jour） 出口/でぐち（sortie） 出入り/でいり（entrées et sorties）

有	ユウ、ウ ある	avoir / être	私有/しゆう（[bien] privé） 国有/こくゆう （[bien / domaine] public）
名	メイ、ミョウ な	nom	名人/めいじん（“champion”） 大名/だいみょう（daimyō） 名前/なまえ（nom）
鈴	レイ、リン すず	clochette	風鈴/ふうりん（clochette d’été） 呼び鈴/よびりん（sonnette d’appel）
木	モク、ボク き	arbre, bois	木星/もくせい（Jupiter） 材木/ざいもく（bois de construction）
郎	ロウ	(homme)	新郎/しんろう（nouveau marié）
立	リツ、リュウ た・つ た・てる	être debout construire	国立/こくりつ（national） 私立/しりつ（privé） 立場/たちば（position, point de vue）
派	ハ	séparation branche	特派員/とくはいん（envoyé spécial） 派手/はで（voyant, criard）
仕	シ、ジ つか・える	servir	仕上げ/しあげ（finition） 仕方/しかた（façon de faire） 仕える/つかえる（être au service）
事	ジ こと、ごと	fait, événement	記事/きじ（article de journal） 人事部/じんじぶ（service du personnel）事件/じけん（affaire）
上	ジョウ、ショウ うえ（うわ） かみ、のぼ・す のぼ・る／せる あ・げる／がる	le haut / le dessus monter donner	上昇/じょうしょう（augmentation） 上流/じょうりゅう (niveau supérieur） 上着/うわぎ（veste）以上/いじょう (plus de） 上り電車/のぼりでんしゃ (train se dirigeant vers la métropole ou la capitale）
宿	シュク やど、やど・る やど・す	pension, auberge se loger héberger/concevoir un enfant	下宿/げしゅく（pension） 宿命/しゅくめい（prédestination） 雨宿りする/あまやどりする (s’abriter de la pluie）

見	ケン み・る み・える み・せる	voir être visible montrer	見学/けんがく（visite [touristique]） 一見/いっけん（aperçu） 見本/みほん（échantillon）
南	ナン、ナ みなみ	sud	東南アジア/とうなんアジア（Asie du Sud-Est）南口/みなみぐち（sortie côté sud）南北/なんぼく（nord-sud）
方	ホウ かた	direction, côté personne, manière	一方/いっぽう（d'un côté） 先方/せんぽう（partenaire） 地方/ちほう（région）
東	トウ ひがし	est	東西/とうざい（est-ouest） 東北地方/とうほくちほう (région du Tōhoku)
京	キョウ ケイ	capitale	京都市/きょうとし（Ville de Kyōto） 北京/ペキン（Pékin / Beijing）
海	カイ うみ	mer	海外/かいがい（outre-mer） 海上/かいじょう（sur la / en mer） 上海/シャンハイ（Shanghaï）

****

Modèles de tracés de kanji　6 :
Lectures *ON* en katakana, lectures *KUN* en hiragana

sens ＼	lectures ＼	ordre des traits
上 **dessus, haut**	ジョウ<ショウ>うえ<うわ>/かみ/あ（げる）/あ（がる）/のぼ（る）/のぼ（せる）/のぼ（す）	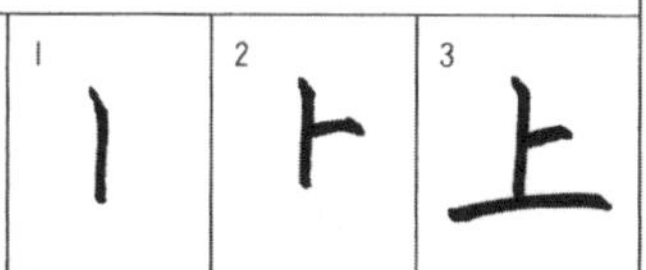
円 **rond, yen**	エン まる（い）	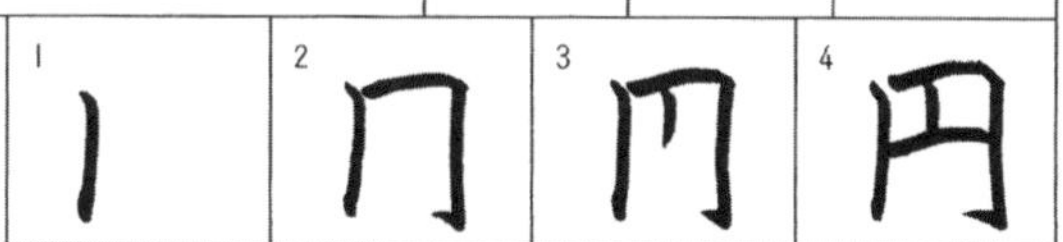
同 **identique**	ドウ おな（じ）	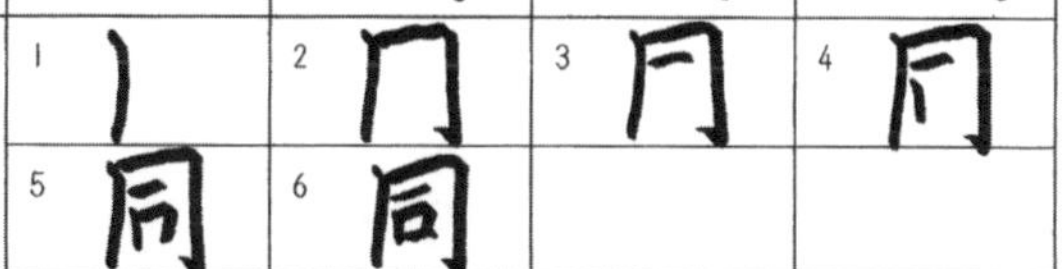
長 **long**	チョウ なが（い）	

LEÇON 2 – Explications et commentaires

Morphologie du mot verbal - Tableaux de base

Le mot verbal relève de la classe des ichidan ou de celle des godan.

1. Ichidan signifie : un degré/une base. 2. Godan signifie : cinq degrés/cinq bases.

Rappel : il existe par ailleurs deux mots verbaux irréguliers : suru et kuru.

Le mot verbal ichidan (MV1) :

A toutes fins pratiques il est possible de considérer que les différentes bases sont égales à zéro ; en d'autres termes, la racine (toujours une voyelle : soit I, soit E) reçoit directement les suffixes ou extensions ; avec le MV1 MIRU, *voir* pour exemple :

Racine	base = zéro	Suffixe	
MI	–	NAI	négatif court / atemporel / familier
MI	–	MASU	affirmatif long / atemporel / déférent
MI	–	RU	affirmatif court / forme du dictionnaire / familier
MI	–	REBA	conditionnel
MI	–	YŌ	impératif court / familier

Ceci, quel que soit le sujet grammatical (je-tu-il-nous-vous-ils), exprimé ou non.

(N. B. : le tableau ci-dessus des formes de base du mot verbal ichidan (MV1) est simplifié par rapport au modèle d'origine. Cette présentation a pour mérite de souligner le mode de construction des formes. Les usages des différentes formes feront l'objet d'explications au fil des Leçons.)

Le mot verbal godan (MV5) :

Sa racine se termine sur une consonne, ce que souligne l'écriture en alphabet. A cette racine s'attache l'une des 5 voyelles fondamentales A, I, U, E, O. Autant de bases qui sont formatrices de flexions introduisant diverses nuances de sens ; avec le MV5 IKU, *aller* pour exemple :

Racine	Base	Suffixe	
I K	A	NAI	négatif court / atemporel / familier
I K	I	MASU	affirmatif long / atemporel / déférent
I K	U		affirmatif court / forme du dictionnaire / familier
I K	E	BA	conditionnel
I K	Ō		impératif court / familier

Ceci, quel que soit le sujet grammatical (je-tu-il-nous-vous-ils), exprimé ou non.

(N. B. : le tableau ci-dessus des formes de base du mot verbal godan (MV5) est simplifié par rapport au modèle d'origine. Cette présentation a pour mérite de souligner le mode de construction des formes. Les usages des différentes formes feront l'objet d'explications au fil des Leçons.)

Nota : la flexion en Ō du MV5 est issue du son AU. Historiquement issue de la base en A, elle est fréquemment considérée de nos jours comme une base indépendante, d'où l'appellation Godan - "cinq degrés" - donnée à cette catégorie selon la méthode d'enseignement suivie. (L'appellation Yodan - "quatre degrés" - est encore fréquemment utilisée en France pour cette catégorie de MV.)

N. B. 1 : tous les MV1 à la forme du dictionnaire, se terminent sur la syllabe –RU. Mais quelques MV5, à la même forme, sont terminés par la même syllabe. Cf. le cas de *iru* et de *kaeru*, identiques à la forme du dictionnaire dans notre alphabet, mais dont les sens sont différents selon qu'ils sont MV1 ou MV5 (voir second Tableau du mot verbal plus loin).

N. B. 2 : la totalité des MV5 dont la forme du dictionnaire se termine par deux voyelles, soit AU, soit IU, revêtent une base en A particulière, à savoir que cette voyelle doit être précédée du son W.
Le négatif court de AU "rencontrer", est AWANAI ; celui de KAU, "acheter" est KAWANAI.
Le négatif court de IU "dire" est IWANAI.

N. B. 3 : une forme en て à fonction "suspensive-connective" devra être également retenue au titre des constructions essentielles du MV.

N. B. 4 : en fonction conclusive (= fin de phrase), ne seront utilisées au cours des premiers mois d'étude que les formes en –MASU et dérivées.

La morphologie du mot verbal japonais est d'une grande simplicité ; c'est pourquoi les deux tableaux ci-dessus doivent être mémorisés sur-le-champ, ainsi que ceux qui figurent plus loin.

Les deux irréguliers majeurs suru (*faire*) et kuru (*venir*) donnent :

1 - pour suru : shinai / shimasu / suru / sureba / shiyō
2 - pour kuru : konai / kimasu / kuru / koreba / koyō

Ce qu'on appelle "forme du dictionnaire" est la forme sous laquelle se rencontre le mot verbal dans les dictionnaires. Cette forme n'est pas réductible à notre "infinitif". miru, comme mimasu peut vouloir dire : <je vois / tu vois / il voit / nous voyons / vous voyez / ils voient> ; mimasu est plus déférent que miru. Même chose avec iku (aller) et ikimasu (aller) : un chien peut être sujet grammatical de ikimasu ; cette dernière forme est déférente vis-à-vis de l'interlocuteur et non pas vis-à-vis du chien.

Question de lexique ...

Vous hésiterez souvent sur la prononciation à adopter pour les kanji. Au début de la Leçon, vous trouvez les composés 日本車 et 新車. Ces deux composés ont exactement le même sens que 日本の車 et 新しい車 (新しい / あたらしい atarashii = neuf). Dans le premier cas, la graphie 車 appartient à un même mot sino-japonais et doit se prononcer *sha* ; dans le second cas, la même graphie vaut pour un mot indépendant et doit se prononcer *kuruma*. De façon générale, dans un même mot, on ne mélange pas les deux types de "lectures" *ON* et ***kun***. (Il y a des exceptions…)

Adverbe あまり *amari* :

Cet adverbe peut s'écrire également あんまり anmari (style informel) et prend le sens de "pas trop" dans un propos au négatif.

Mot de qualité au perfectif négatif au conclusif :

高くはありませんでした takakuwaarimasendeshita signifie ; "Cela n'était pas cher." Pour la morphologie du MQ, voir Leçon 3.

La locution そうですね *sōdesune* :

Cette expression peut s'analyser à partir de ses trois segments : そう pour "ainsi", "comme cela" ; です: copule ; ね phatique finale, pour "n'est-ce-pas ? "(traduction très limitative étant donné la fréquence de cette phatique). Cette expression peut marquer l'acquiescement vis-à-vis de l'interlocuteur (« C'est bien cela. »). Prononcée avec ampleur dans la mélodie, elle peut annoncer une objection: « J'entends bien, cependant… » ou encore : « Voyons voyons... ».

La particule が *ga* :

Cette particule, déjà vue, est marqueur du sujet et n'a donc pas d'équivalent en français. Elle intervient après un MN et avant un MV. Elle est indispensable après un interrogatif du type だれ, 何, どこ quand ces mots sont en position de sujet. Cf. Leçon 3.

La particule な *na* :

Cette particule est indispensable entre un QI et un MN (Col. 12, 13, 14 dans le texte) pour établir un rapport de déterminant à déterminé. Cf. Leçon 3.

Enclitiques marquant le lieu (récapitulatif) :

Après un mot nominal et avant un mot verbal :

に *ni* marque le lieu de l'existence ou le point d'arrivée.

で *de* marque le lieu où se déroule une action.

を *o* marque un lieu traversé ou arpenté et le point de départ avec でる *deru*, sortir / partir

へ *e (prononcé E)* marque un lieu vers lequel on tend, un but.

から *kara* marque un lieu que l'on quitte, ou d'où s'opère une action.

まで *made* marque le lieu atteint ou à atteindre.

N. B. : ces particules casuelles peuvent marquer d'autres cas (par exemple, に marque un moment ponctuel ou encore l'agent avec un mot verbal au passif ; を marque, par ailleurs, le "complément d'objet direct" …)

Emploi de l'enclitique から *kara* (rappel) :

Cette particule vient après un mot nominal, auquel cas, ce mot indique un lieu que l'on quitte, ou le moment où commence une action. (Dans le même esprit, まで marque une limite dans le temps ou dans l'espace.)

上から uekara : à partir du dessus / du haut

九時から kujikara : à partir de neuf heures

Mais après un mot de qualité ou un mot verbal, ou encore après la copule, から exprime la cause.

とおいから tōikara	: parce que c'est loin
通りますから tōrimasukara	: parce que j'(y) passe
ですから desukara	: c'est pourquoi

Combinaison d'enclitiques :

Les enclitiques marquant un lieu, notamment に et で, peuvent être suivies soit de は (valeur de relativisation), soit de も (cumul) dans le cas d'une comparaison implicite ou explicite. Exemples :

左のへやにつくえがあります。/ hidarinoheyanitsukuegaarimasu :
Il y a un bureau / une table dans la pièce de gauche.
右のへやにはつくえがありません。/ miginoheyaniwatsukuegaarimasen :
Dans la pièce de droite, il n'y a pas de bureau / table.

左のへやにつくえがあります。/ hidarinoheyanitsukuegaarimasu :
Il y a un bureau / une table dans la pièce de gauche.
右のへやにもあります。/ miginoheyanimoarimasu :
Dans la pièce de droite aussi il y en a un / une.

Le mot de qualité いい *ii* :

Ce mot est d'un emploi très fréquent, compte-tenu de son sens : "bon / bien / souvent / ça va". On le rencontre également sous sa forme ancienne よい, par exemple dans la formule elliptique よいおとしを/ yoiotoshio "Bonne Année !" (とし = année).

C'est une forme dérivée qui figure Col.16 avant le mot verbal, ou elle fonctionne en symbiose - fonction dite "converbale" - avec le mot verbal.
Dans ce dernier cas, la traduction est soit "souvent" soit "bien". En fonction converbale le *i* final du mot de qualité est remplacé par la syllabe *ku*. Exemples :

よく行く yokuiku	: aller souvent
よくわかる yokuwakaru	: bien comprendre
よくわからない yokuwakaranai	: ne pas bien comprendre
よく見える yokumieru	: bien voir, être bien visible

La locution verbale という *toiu* :

Entre deux éléments nominaux, cette locution apporte une précision quant au second élément à l'aide du premier. Le MV5 いう *iu* signifie "dire", "s'appeler". La particule と *to* est ici indice de citation.

ル・モンドという新聞/ rumondotoiushinbun : Le journal Le Monde
シェ・はなこというレストラン/ shehanakotoiuresutoran :
Le restaurant Chez Hanako
鈴木一郎さんという人/ suzukiichirōsantoiuhito :
La personne qui s'appelle Suzuki Ichirō.

Particules finales ね *ne* et よ *yo* (particules phatiques) :

ね sollicite l'acquiescement de l'interlocuteur ; s'il fallait traduire cette particule, ce serait par « n'est-ce pas ? », « non ? », « pas vrai ? », etc …, selon le contexte : autant de formules visant à sonder l'interlocuteur. Dans un premier temps, il est préférable de ne pas trop l'employer, notamment vis-à-vis d'un supérieur.

よ ajoute à l'énoncé la nuance de l'évidence ; vient renforcer, comme un point d'exclamation, la portée du message :

そうですよ : C'est bien cela ! / C'est comme ça, je vous assure !
ちがいますよ : Ce n'est pas cela ! / Ce n'est pas exact / C'est faux ! / Ce n'est pas de cela qu'il s'agit. (De ちがう, MV5 signifiant « être différent »)

よ, également, ne doit pas être trop utilisé vis-à-vis d'un supérieur.

Le mot verbal - Fonction conclusive et fonction déterminante :

On sait que l'énoncé 日本へ行きます。/ Nihoneikimasu est un énoncé complet que l'on peut traduire, ici, par « Je vais au Japon », compte-tenu de la convention relative au sujet grammatical.

Cet énoncé peut être ramené à la forme du dictionnaire pour ce qui est de la flexion du mot verbal, avec le même sens : 日本へ行く。/ Nihoneiku « Je vais au Japon ».

行く comme 行きます est en fonction conclusive, en fin d'énoncé. La tournure comportant 行く relève du style familier (= neutre, sans marque de déférence). La tournure 行きます relève du style déférent (dont l'équivalent, en langue française, implique le vouvoiement.)

Le même groupe neutre (forme dite également « courte », sans le suffixe fonctionnel -ます masu) peut revêtir une toute autre fonction dans la phrase japonaise :

Devant un mot ou groupe nominal, il le détermine, c'est-à-dire qu'il apporte une information sur le mot ou le groupe nominal qui suit. C'est là la fonction déterminante du mot verbal. Exemple :

日本へ行く学生 / *Nihoneiku*gakusei : L'étudiant qui va au Japon / Les étudiants qui vont au Japon

N. B. : il n'existe pas de pronoms relatifs en japonais.

Ici, le groupe déterminant correspond à une relative en français. Ce ne sera pas toujours le cas. Avec le mot 時 / とき, mot-outil pour *quand*, on obtient :

日本へ行く時 / *Nihoneiku*toki : Quand je vais au Japon

Dans le texte, Col. 14, étant entendu que している est une forme verbale composée courte du mot verbal する indiquant que l'action est en cours, nous retrouvons un mot verbal en fonction déterminante.

Généralisation

Mot verbal en forme courte (précédé de ses compléments éventuels)	FONCTION → DETERMINANTE	Mot nominal déterminé
日本へ行く		学生
日本へ行く		時

Cette structure est fondamentale dans la langue japonaise. Elle est utilisée pour l'équivalent de nos propositions relatives, mais aussi pour exprimer la plupart des rapports de temps, ainsi que dans une multitude d'expressions diverses.

Le déterminant / La proposition déterminante

La phrase japonaise gagne en longueur selon trois modes :

A/ Par inclusion d'une proposition déterminante devant un mot nominal, ou par la nominalisation ;

B/ Par utilisation de la forme en て du mot verbal (fonction "suspensive-connective"), structure abordée d'ici peu ;

C/ Par juxtaposition, avec insertion d'une conjonction de coordination, de deux propositions indépendantes - autre structure abordée d'ici peu.

Le concept et l'appellation de "proposition déterminante", concernant la langue japonaise, constituent des outils d'analyse plus efficaces et plus pertinents, car plus universels, que les concepts de qualificatifs/propositions relatives/adjectifs.

Il a déjà été dit que tout ce qui est "adjectif" en langue japonaise, en fonction d'épithète, vient, dans l'ordre des mots, avant ce qui est qualifié. Il faut généraliser :

Règle d'or : en langue japonaise, le déterminant précède toujours le déterminé, quelle que soit la nature du déterminant, mot unique ou proposition.

Illustrations :
une grosse voiture = 大きい車 / ookiikuruma
une voiture rouge = あかい車 / akaikuruma
une vieille voiture = ふるい車 / furuikuruma
la voiture du prof = 先生の車 / senseinokuruma
une voiture neuve = あたらしい車 / atarashiikuruma
une voiture à problèmes = だめな車 / damenakuruma
une voiture achetée d'occasion = 中古で買った車 / chūkodekattakuruma
la voiture que m'a donnée mon père = 父にもらった車 / chichinimorattakuruma
une voiture qui fait 800 000 Yen = 八十万円する車 / hachijyūmanensurukuruma

Au plan visuel, le mot pour *voiture* en japonais, 車, intervient toujours à la fin du groupe sémantique, alors qu'en français l'adjectif intervient soit avant soit après, et que la mention du propriétaire ou la proposition relative interviennent après le mot *voiture*.

Quelle que soit la façon (adjectif, relative ou autres) d'apporter une information sur le mot *voiture* en français, ces informations, qui constituent **le déterminant** viennent **toujours** en japonais avant le mot 車 *kuruma*, qui est **le déterminé**.

Morphologie des mots verbaux Second Tableau

MV1 (ICHIDAN)

Infinitif français	Forme du dictionnaire	-nai (négatif court)	-masu (aff. / déférent)	-te (susp.-connc.)	-ta (passé court)
être se trouver	いる iru	いない inai	います imasu	いて ite	いた ita
se lever	起きる okiru	起きない okinai	起きます okimasu	起きて okite	起きた okita
enseigner	教える oshieru	教えない oshienai	教えます oshiemasu	教えて oshiete	教えた oshieta
changer	変える kaeru	変えない kaenai	変えます kaemasu	変えて kaete	変えた kaeta
s'habiller	着る kiru	着ない kinai	着ます kimasu	着て kite	着た kita
manger	食べる taberu	食べない tabenai	食べます tabemasu	食べて tabete	食べた tabeta
sortir, partir	出る deru	出ない denai	出ます demasu	出て dete	出た deta
voir	見る miru	見ない minai	見ます mimasu	見て mite	見た mita

MV 5 (GODAN)

Infinitif français	Forme du dictionnaire	-nai (négatif court)	-masu (aff. / déférent)	-te (susp.-connc.)	-ta (passé court)
avoir se trouver	ある aru	ない (*irrégulier !*) nai	あります arimasu	あって atte	あった atta
rencontrer	会う au	会わない awanai	会います aimasu	会って atte	会った atta
dire	言う iu	言わない iwanai	言います iimasu	言って itte	言った itta
aller	行く iku	行かない ikanai	行きます ikimasu	行って itte	行った itta
être nécessaire	要る iru	要らない iranai	要ります irimasu	要って itte	要った itta
vendre	売る uru	売らない uranai	売ります urimasu	売って utte	売った utta
envoyer	送る okuru	送らない okuranai	送ります okurimasu	送って okutte	送った okutta
acheter	買う kau	買わない kawanai	買います kaimasu	買って katte	買った katta
rentrer	帰る kaeru	帰らない kaeranai	帰ります kaerimasu	帰って kaette	帰った kaetta

écrire	書く kaku	書かない kakanai	書きます kakimasu	書いて kaite	書いた kaita
prêter	貸す kasu	貸さない kasanai	貸します kashimasu	貸して kashite	貸した kashita
écouter	聞く kiku	聞かない kikanai	聞きます kikimasu	聞いて kiite	聞いた kiita
couper	切る kiru	切らない kiranai	切ります kirimasu	切って kitte	切った kitta
habiter	住む sumu	住まない sumanai	住みます sumimasu	住んで sunde	住んだ sunda
fabriquer	作る tsukuru	作らない tsukuranai	作ります tsukurimasu	作って tsukutte	作った tsukutta
prendre	取る toru	取らない toranai	取ります torimasu	取って totte	取った totta
boire	飲む nomu	飲まない nomanai	飲みます nomimasu	飲んで nonde	飲んだ nonda
parler	話す hanasu	話さない hanasanai	話します hanashimasu	話して hanashite	話した hanashita
lire	読む yomu	読まない yomanai	読みます yomimasu	読んで yonde	読んだ yonda

SURU et KURU (IRREGULIERS)

Infinitif français	**Forme du dictionnaire**	**-nai** (négatif court)	**-masu** (aff. / déférent)	**-te** (susp.-connc.)	**-ta** (passé court)
venir	来る kuru	来ない konai	来ます kimasu	来て kite	来た kita
faire	する suru	しない shinai	します shimasu	して shite	した shita

N. B. : notez que le mot verbal する placé après un mot nominal sert à former quantité de nouveaux mots verbaux :

電話 / denwa (téléphone) + する = 電話する(téléphoner)
勉強 / benkyō (étude) + する = 勉強する (étudier)
散歩 / sanpo (promenade) + する = 散歩する (se promener)
運転 / unten (conduite) + する = 運転する (conduire)

Avec ce Second Tableau, vous possédez l'essentiel de la morphologie du mot verbal japonais. Les autres nuances du mot verbal s'obtiennent par ajout de suffixes fonctionnels / extensions, propres aux ‘‘langues agglutinantes’’, qui s'articulent sur les différentes bases et quelques-unes de leurs dérivées.

L2　練習問題 / れんしゅうもんだい / **Exercices L2**

Exercice L2 - 1*　Version

MV1

1. ひるごはんを食べます。（ひるごはん = déjeuner）
2. ばんごはんを食べました。（ばんごはん = dîner）
3. テレビを見ます。（テレビ = télévision）
4. その映画を見ました。（映画/えいが = film）
5. 毎日六時に起きます。（毎日/まいにち = tous les jours, 六時 /ろくじ = six heures）
6. セーターを着ます。（セーター = tricot, pull）
7. コートは着ません。（コート = manteau）
8. 七時まで大学にいます。（七時 /しちじ = sept heures）
9. 母はうちにいます。（母/はは = ma mère, うち = sa/ma maison）
10. 父は今はうちにいません。（父/ちち = mon père, 今/いま = maintenant）

MV5

11. 大学へ行きます。
12. 本を買います。
13. 車は買いません。
14. ビールを飲みました。（ビール = bière）
15. コーヒーは飲みません。（コーヒー = café）
16. 手紙を書きます。（手紙/てがみ = lettre）
17. そのざっしは読みませんでした。
18. バスでうちへ帰りました。
19. 東京で働きます。（働く/はたらく = travailler）
20. 日本語で話します。（話す/はなす = parler）

Mot Verbal *suru*

21. 毎日勉強します。（勉強/べんきょう = étude）
22. 母に電話します。（電話/でんわ = téléphone）
23. 散歩しましょう。（散歩/さんぽ = promenade）
24. そうじしません。（そうじ = nettoyage）
25. 運転します。（運転/うんてん = conduite）

Exercice L2 - 2 *

Les particules indiquant le lieu :　に / へ / で / を / から / まで

Compléter avec des particules casuelles (enclitiques) les phrases qui suivent en vous aidant de la traduction française.

1. Le professeur est actuellement au Japon.
2. J'étudie le japonais à l'université.
3. Je bois du vin dans un restaurant.
4. Tous les matins je quitte la maison à sept heures.
5. Je vais jusqu'à Marseille.
6. Je vais à pied de l'université à la gare.
7. Tous les matins je me promène dans le parc.
8. Je suis rentré à dix heures du soir chez moi.

1. 先生は今日本（　　）います。
2. 大学（　　）日本語を勉強します。
3. レストラン（　　）ワインを飲みます。
4. 毎朝七時に家（　　）出ます。（毎朝/まいあさ = tous les matins, 家/いえ = maison）
5. マルセイユ（　　）行きます。（マルセイユ = Marseille）
6. 大学（　　）駅（　　）あるきます。（あるく = aller à pied）
7. こうえん（　　）散歩します。（こうえん = jardin public）
8. よるの十時にうち（　　）帰りました。（よる = nuit）

Exercice L2 - 3*

Combinaison de particules : には / へは / では / にも / へも / でも

Les particules marquant un lieu peuvent être suivies soit de WA : は (valeur de relativisation), soit de MO : も (cumul) dans le cas d'une comparaison implicite ou explicite. Compléter avec les particules convenables avant de traduire.

Exemples 例/れい :

A. えきの近く（ **に** ）きっさてんがあります。/ Il y a un café près de la gare.

B. 大学の近く（ **には** ）きっさてんがありません。/ Près de l'université, il n'y a pas de café

1-A. 左の部屋（　　）電話があります。（部屋/へや = pièce）
1-B. 右の部屋（　　）電話がありません。
2-A. 去年日本（　　）行きました。（去年/きょねん = l'an dernier）
2-B. 中国（　　）行きませんでした。（中国/ちゅうごく = Chine）
3-A. 大学（　　）日本語を勉強します。
3-B. うち（　　）日本語を勉強しません。
4-A. そこ（　　）いすがあります。（いす = chaise）
4-B. あそこ（　　）いすがあります。
5-A. 近くの店（　　）買い物をします。（店/みせ = boutique, 買い物/かいもの = achats）
5-B. 大きいスーパー（　　）買い物をします。（スーパー = supermarché）

Exercice L2 - 4 Version

A.

1. 今日は大学で昼ご飯を食べます。(昼ご飯/ひるごはん)
2. 毎晩 11 時から 12 時半までテレビを見ます。(毎晩/まいばん = tous les soirs)
3. 日曜日の午後は母といっしょに映画を見ます。
   (日曜日/にちようび = dimanche, 午後/ごご = après-midi)
4. 月曜日と木曜日は朝五時に起きます。
   (月曜日/げつようび = lundi, 木曜日/もくようび = jeudi)
5. 週に一度両親に手紙を書きます。
   (週/しゅう = semaine, 一度/いちど = une fois, 両親/りょうしん = parents)

B*. Attention, chaque phrase qui suit comporte au moins une déterminante dont le MV est signalé par des crochets.

6. 今日は東京で〔買った〕セーターを着ます。
7. 先週の月曜日に〔買った〕本はもう読みました。
   (先週/せんしゅう = la semaine dernière, もう = déjà)
8. これは小林さんから/に〔聞いた〕話です。(話/はなし = histoire)
9. 父が〔作った〕料理はこれとそれです。(料理/りょうり = cuisine)
10. さっきフィリップさんと〔いう〕学生さんがここに来ました。
    (さっき = voici peu)
11. それは鈴木さんと〔いう〕人が〔撮った〕写真です。
    (撮る/とる = prendre, 写真/しゃしん = photographie)

Exercice L2 - 5 Traduisez en japonais les phrases suivantes.

1. J'ai acheté cette voiture il y a six mois.
2. Cet immeuble a été construit au mois de mars de l'an dernier.
   (immeuble = 建物/たてもの)
3. On voit bien la Tour de Tōkyō de là-bas. (la tour de Tōkyō = 東京タワー)
4. Ce matin, je travaille de 8 heures à 11 heures à l'université.
   (travailler = 仕事する/しごとする, 働く/はたらく)
5. Ma mère est à la maison tous les jours. (tous les jours = 毎日/まいにち)
6. Je me promène dans le jardin public tous les jours.
7. Je vais de Marseille jusqu'à Paris en TGV tous les samedis.
   (samedi = 土曜日/どようび, chaque semaine = 毎週/まいしゅう)

Exercice L2 - 6* (inclusion d'une déterminante)

Transformez les phrases suivant l'exemple.

Exemples 例/れい :

A. 昨日この本屋で辞書を[買いました]。
(本屋/ほんや = librairie, 辞書/じしょ = dictionnaire)
Hier, j'ai acheté un dictionnaire dans cette librairie.

B. これは〔 **昨日この本屋で[買った]** 〕辞書です。
C'est le dictionnaire que j'ai acheté hier dans cette librairie.

1-A. 昨日新宿でカメラを借りました。
(カメラ = appareil photo, 借りる/かりる = emprunter)

1-B. これは……

2-A. 昨日のよるこの本を読みました。

2-B. これは……

3-A. 先月原宿でパソコンを買いました。(先月/せんげつ = le mois dernier, 原宿/はらじゅく = Harajuku, パソコン = ordinateur)

3-B. これは……

4-A. 先週日本語のレポートを書きました。(レポート = rapport)

4-B. これは……

5-A. 友達のうちで映画を見ました。

5-B. これは……

6-A. 昨日うちで漢字を勉強しました。(漢字/かんじ)

6-B. これは……

7-A. おとというちでクッキーを作りました。(おととい = avant-hier)

7-B. これは……

8-A. 図書館の前に犬がいました。
(図書館/としょかん = bibliothèque, 前/まえ = devant, 犬/いぬ = chien)

8-B. これは……

9-A. 山田さんは毎日駅から大学までバスに乗ります。

9-B. これは……

10-A. 来週友達に自転車を貸します。
(自転車/じてんしゃ = vélo, 貸す/かす = prêter)

10-B. これは……

Quelques proverbes et dictons

諺／ことわざ

七転び八起き／ななころびやおき

On se relève après la chute

(Tomber sept fois, se relever huit fois)

(七転び／ななころび＝sept chutes, 八起き／やおき＝huit actions de se relever)

石の上にも三年／いしのうえにもさんねん

Tout vient à point à qui sait attendre

(Rester trois ans sur un rocher)

(石／いし＝pierre, 上／うえ＝le dessus, 三年／さんねん＝trois ans)

三人寄れば文殊の知恵

さんにんよればもんじゅのちえ

Trois têtes font un puits de science

(Deux avis valent mieux qu'un)

(三人／さんにん＝trois personnes, 寄る／よる＝se réunir, ici au conditionnel, 文殊／もんじゅ＝nom d'un roi de sapience du Bouddhisme, 知恵／ちえ＝intelligence)

第三課　大学

田中　メインキャンパスは四谷駅の近くにあります。

ジル　外国人学生もいますか。

先生　ええ、留学生は多いですよ。アメリカ人やドイツ人や中国人の学生がいます。

ジル　先生のお部屋はどちらですか。

先生　あそこに見える新しい建物の六階にあります。六階には先生達の部屋と事務室と図書室があります。上の階も下の階も全部教室です。

ジル　地下には何がありますか。

田中　地下にはカフェテリアも生協もあります。見に行きますか。

ジル　そうですね、本やノートが買いたいのですが…。

（地下で）

ジル　辞書はどこにありますか。

店員　辞書ですか。辞書は左の奥にあります。

ジル　ありがとう。先生、和仏辞典はどれがいいですか。

先生　私は学生の時この辞書を買いましたが、今でも使っています。

ここでは五パーセント安くなりますよ。

ジル　じゃあ、それにします。

****

Modèles de tracés de kanji　7 :
Lectures *ON* en katakana, lectures *KUN* en hiragana

sens ＼	lectures ＼	ordre des traits
学 **étude, étudier**	ガク まな（ぶ）	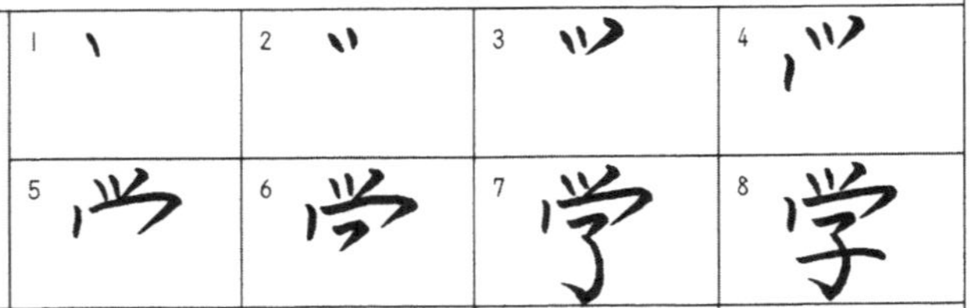
生 **vivre, être vivant**	セイ / ショウ い（きる）/い（かす）/い（ける） う（まれる）/ う（む）/ お（う） は（える）/ は（やす） / き / なま	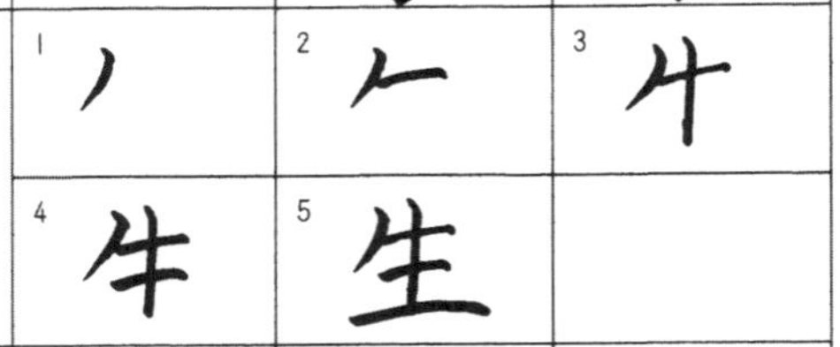
行 **aller**	コウ / ギョウ ＜ アン ＞ い（く） / ゆ（く） おこな（う）	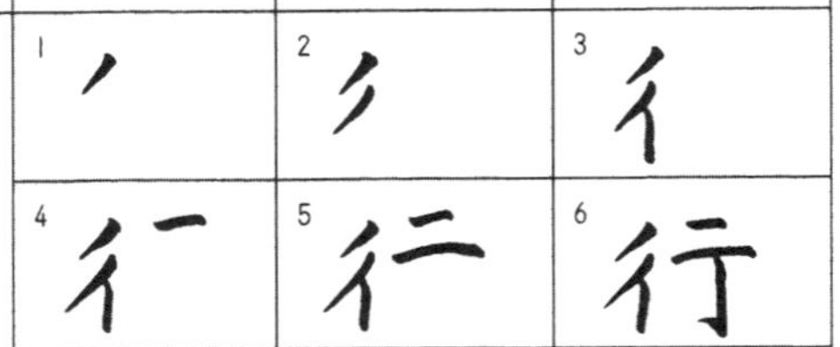
事 **affaire, chose**	ジ / ＜ ズ ＞ こと	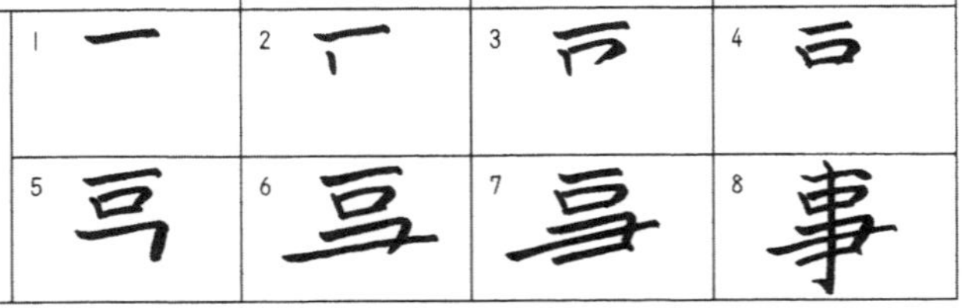

第三課　大学

田中　メインキャンパスは四谷駅の近くにあります。

ジル　外国人学生もいますか。

先生　ええ、留学生は多いですよ。アメリカ人やドイツ人や中国人の学生がいます。

ジル　先生のお部屋はどちらですか。

先生　あそこに見える新しい建物の六階にあります。六階には先生達の部屋と事務室と図書室があります。上の階も下の階も全部教室です。

ジル　地下には何がありますか。

田中　地下にはカフェテリアも生協もあります。見に行きますか。

ジル　そうですね、本やノートが買いたいのですが…。

（地下で）

ジル　辞書はどこにありますか。

店員　辞書ですか。辞書は左の奥にあります。

ジル　ありがとう。先生、和仏辞典はどれがいいですか。

先生　私は学生の時この辞書を買いましたが、今でも使っています。ここでは五（ご）パーセント安（やす）くなりますよ。

ジル　じゃあ、それにします。

****

Modèles de tracés de kanji　8 :
Lectures *ON* en katakana, lectures *KUN* en hiragana

sens	lectures
京 **capitale**	キョウ ケイ
分 **être clair** **partie** **seconde**	フン／　ブン／　ブ わ（ける）／わ（かる） わ（かれる）／わ（かつ）
者 **personne**	シャ もの

ordre des traits

Vocabulaire Leçon 3

abrév.	mot/expression	prononciation	sens
MN	メインキャンパス		campus principal
MV5	ある		être (pour les choses), “il y a”
MN	四谷	よつや	Yotsuya (toponyme, centre de Tōkyō)
MN	駅	えき	gare
MN	外国	がいこく	pays étranger
MN	留学生	りゅうがくせい	étudiant étranger
MQ	多い	おお・い	nombreux
P	や		particule de l’énumération non exhaustive
MN	中国	ちゅうごく	Chine
Pre	お		préfixe honorifique
MN	部屋	へや	salle, chambre, pièce
Pl	どちら		où (déférent)
PrD	あそこ		là-bas
MQ	新しい	あたら・しい	neuf, nouveau
MN	建物	たてもの	bâtiment, construction
MN	六	ろく	six
Spec	階	かい	étage
P	と		particule de l’énumération exhaustive / de l’accompagnement
Suf	達	たち	indice du pluriel (pour les personnes)
MN	事務室	じむしつ	bureau, secrétariat
MN	図書室	としょしつ	salle de lecture, bibliothèque
MN	下	した	le bas / le dessous
MN	全部	ぜんぶ	tout, totalité
MN	教室	きょうしつ	salle de classe
MN	地下	ちか	sous-sol
MN	カフェテリア		cafétéria
MN	生協	せいきょう	coopérative étudiante
MN	ノート		cahier
Suf	～たい		désidératif (voir explications)
MN	辞書	じしょ	dictionnaire (appellation générique)
I	どこ		où ?

MN	店員	てんいん	employé/e de magasin
MN	左	ひだり	gauche
MN	奥	おく	fond
MN	和仏辞典	わふつじてん	dictionnaire japonais-français
Pl	どれ		lequel, laquelle, lesquels, lesquelles
MN	私	わたくし	je
MN	時	とき	temps → “quand” (j’étais étudiant), *mot-outil*
MN	今	いま	maintenant
MV5	使う	つか・う	utiliser
MN	五	ご	cinq
MN	パーセント		pourcent
MQ	安い	やす・い	bon marché
MV5	なる		devenir
Loc	それにします		« Je prends / choisis cela. »

****

Modèles de tracés de kanji 9 :
Lectures *ON* en katakana, lectures *KUN* en hiragana

sens	lectures	ordre des traits
間 **intervalle**	カン ケン あいだ ま	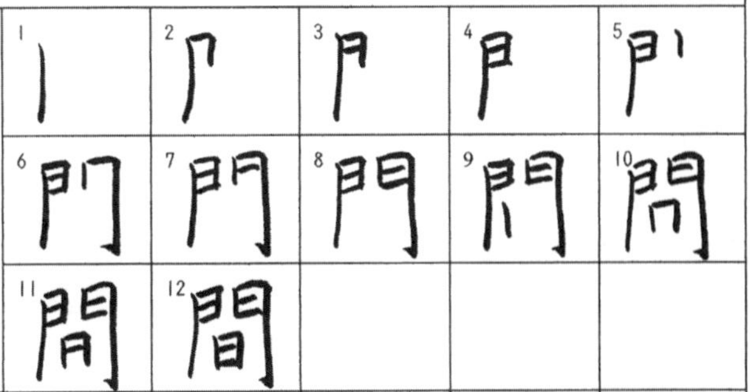
新 **nouveau**	シン あたら(しい) あら(た) にい	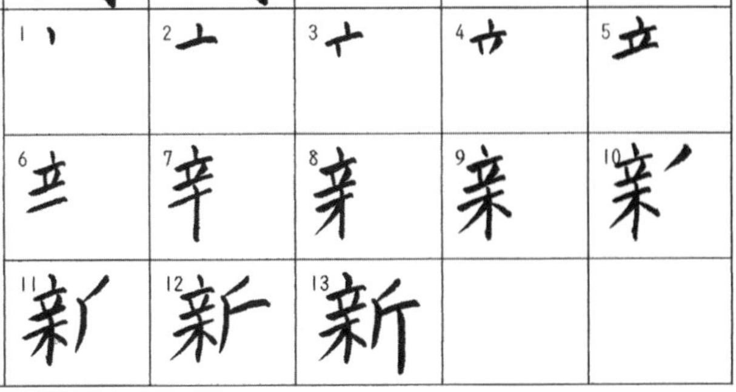

Kanji du texte de base / Lectures *ON* et *kun* / Sens / Quelques composés

kanji	lectures	sens	composés
谷	コク たに	vallée	谷間/たにま（vallée, vallon） 渓谷/けいこく（gorge）
駅	えき	relais, gare	駅前広場/えきまえひろば (place de la gare）
外	ガイ、ゲ そと、ほか はず・す／れる	dehors, extérieur détacher	海外/かいがい（outre mer） 外科/げか（chirurgie）
国	コク くに	pays	国家/こっか（État [nation]） 国産/こくさん（fabrication nationale）
留	リュウ、ル と・まる／める とど・まる とど・める	rester	停留所/ていりゅうじょ (arrêt de bus） 留守/るす（absence） 書留/かきとめ (courrier recommandé）
多	タ おお・い	nombreux	多分/たぶん（peut-être） 多少/たしょう (dans une certaine mesure） 多数/たすう（majorité）
部	ブ	section, partie	文学部/ぶんがくぶ (département de littérature） 本部/ほんぶ（siège central） 一部/いちぶ（une partie）
屋	オク や	maison	パン屋/パンや（boulanger） 屋上/おくじょう（toit-terrasse） 小屋/こや（baraque） 八百屋/やおや (primeurs [marchand]）
建	ケン、コン た・つ た・てる	construction se dresser construire	建前/たてまえ（principe） 二階建て/にかいだて (bâtiment à deux niveaux）
物	ブツ、モツ もの	objet, chose	物語/ものがたり（récit, histoire） 見物/けんぶつ（visite, excursion）

五	ゴ いつ・つ	cinq	五日/いつか（le 5 du mois） 五人/ごにん（cinq personnes） 五月/ごがつ（mai）
階	カイ	étage	階段/かいだん（escalier） 段階/だんかい（étape）
達	タツ たち	parvenir (indice du pluriel)	上達/じょうたつ（progrès） 達成/たっせい（réalisation） 友達/ともだち（ami [s]）
務	ム つと・める	travailler office / devoir	任務/にんむ（charge / devoir） 勤務/きんむ（service / travail）
室	シツ むろ	pièce, salle	和室/わしつ（pièce japonaise） 室内/しつない（intérieur d'une salle）
図	ズ、ト はか・る	schéma, plan prévoir de, tenter	地図/ちず（carte, plan） 意図/いと（intention） 合図/あいず（signal, geste）
書	ショ か・く	écrit écrire	書道/しょどう（calligraphie） 楷書/かいしょ（style angulaire） 書き取り/かきとり（dictée）
全	ゼン まった・く	tout, total totalement	全員/ぜんいん（tout le monde） 全国/ぜんこく（tout le pays）
教	キョウ おし・える おそ・わる	enseignement enseigner apprendre de	教会/きょうかい（église） 宗教/しゅうきょう（religion） 教育/きょういく（enseignement）
地	チ、ジ	terre, sol	土地/とち（terrain） 地名/ちめい (toponyme) 地中海/ちちゅうかい (Méditerranée)
協	キョウ	coopération	協力/きょうりょく（coopération） 協会/きょうかい（association）
辞	ジ や・める	mot / phrase cesser	辞任/じにん（démission） 祝辞/しゅくじ（félicitations）

店	テン みせ	boutique, magasin	本店/ほんてん（siège central） 店先/みせさき（devanture）
員	イン	membre (d'un groupe)	会社員/かいしゃいん（employé [e]） 事務員/じむいん (employé de bureau) 一員/いちいん（un membre）
左	サ ひだり	la gauche	左右/さゆう（gauche et droite） 左手/ひだりて（main gauche） 左翼/さよく（gauche）
奥	オウ おく	fond	奥行き（profondeur [d'un placard]） 奥様/おくさま（Madame）
和	ワ なご・やか／む やわら・ぐ やわら・げる	harmonie serein, adoucir calmer, se calmer	和文/わぶん（texte japonais） 平和/へいわ（paix） 和風/わふう（style japonais） 大和/やまと（Yamato [Japon ancien]）
仏	フツ、ブツ ほとけ	bouddha abréviation pour la France	仏文/ふつぶん（texte français） 大仏/だいぶつ（Grand Bouddha） 仏教/ぶっきょう（Bouddhisme）
典	テン	texte de référence	古典/こてん（classiques） 典型的/てんけいてき（typique）
私	シ わたくし	privé je, moi	私財/しざい（fortune privée） 私費/しひ（frais privés） 公私/こうし（public et privé）
時	ジ とき	heure, temps "quand"	当時/とうじ (à ce moment là, à l'époque) 時代/じだい（époque） 時々/ときどき（de temps en temps）
使	シ つか・う	messager utiliser	使用/しよう（utilisation） 大使/たいし（ambassadeur） 大使館/たいしかん（ambassade）
六	ロク むっ・つ	six	六日/むいか（le 6 du mois） 六人/ろくにん（six personnes） 六本/ろっぽん（six [objets longs]）

安	アン やす・い	bon marché calme	安全/あんぜん (sécurité) 安心/あんしん (tranquillité) 不安/ふあん(inquiétude) 安物/やすもの(objet de peu de valeur)

****

Modèles de tracés de kanji 10 :

Lectures *ON* en katakana, lectures *KUN* en hiragana

sens	lectures	ordre des traits				
方 **direction** **côté**	ホウ かた	1	2	3	4	
田 **rizière**	デン た	1	2	3	4	5
前 **devant** **avant**	ゼン まえ	1	2	3	4	5
		6	7	8	9	
地 **terre**	チ ジ	1	2	3	4	5
		6				
場 **lieu**	ジョウ ば	1	2	3	4	5
		6	7	8	9	10
		11	12			

LEÇON 3 : Explications et commentaires

Le mot de qualité (MQ) : morphologie

Exemple : 面白い（おもしろい）

A la forme neutre (du dictionnaire) atemporelle 面白い correspond le perfectif 面白かった (également neutre). Cette règle est valable pour tous les MQ, dont la dernière syllabe est toujours un *i*. Ce *i* est donc remplacé par *katta* pour former le perfectif.

Le niveau de langue est apporté par la copule :

En conclusif : 面白いです。(atemporel) : C'est intéressant.
面白かったです。(perfectif) : C'était intéressant.

Le négatif du MQ se construit en remplaçant la finale *i* par *ku (wa) arimasen* :

En conclusif : 面白いです。(atemporel) : C'est intéressant.
面白く（は）ありません。(négatif) : Ce n'est pas intéressant.

(La syllabe は est facultative ; elle est la marque d'une négation limitative/relative.)

Le perfectif négatif se construit en ajoutant au négatif atemporel le groupe でした：

面白く（は）ありませんでした。：Ce n'était pas intéressant.

Le mot de qualité : syntaxe

Il assume quatre fonctions, à distinguer, selon sa position dans la phrase et/ou selon sa forme :

A/ En fonction conlusive

En fin de phrase, le mot de qualité doit être suivi de la copule. C'est cette dernière qui donne à la phrase le niveau de langue requis. On dira donc :

田中さんの車は大きいです。/ Tanakasannokurumawaookiidesu：
La voiture de M. Tanaka est grande.
(Rappel : le négatif de 大きいです est 大きく(は)ありません.)

B/ En fonction déterminante

Il se place toujours devant le mot nominal qu'il qualifie.

Une voiture rouge ： あかい車 / akaikuruma
Un livre intéressant ： 面白い本 / omoshiroihon

Dans la majorité des cas, le mot de qualité rencontré dans cette fonction, est à l'affirmatif et revêt la forme du dictionnaire. On parle de cette forme car, comme le mot verbal, le mot de qualité prend des flexions.

N. B. : le mot あかい seul a un sens ; il constitue un énoncé complet, de style familier. Il signifie « être rouge(s) ».

Dans une phrase telle que 小さい車を買いました。/ chiisaikurumaokaimashita
MQ MN E MV J'ai acheté une petite voiture,
le mot 小さい à lui seul correspond à une proposition relative en langue française (soit : [voiture] qui est petite).

C/ En fonction converbale
La flexion en KU du mot de qualité fait entrer ce mot en symbiose avec le mot verbal. Très souvent, on rencontrera un MQ suivi du MV5 NARU, qui signifie "devenir", ou suivi du MV SURU (irrégulier).
Une première occurrence figurait à la fin de la Leçon 2 :

ii + mieru = よく見える / yokumieru ： être bien visible / bien voir

Exemples avec NARU

yasui + naru = 安くなる / yasukunaru ： devenir bon marché
akai + naru = あかくなる / akakunaru ： devenir rouge / rougir
takai + naru = 高くなる / takakunaru ： devenir grand / grandir

Exemples avec SURU

yasui + suru = 安くする / yasukusuru ： baisser le prix
ookii + suru = 大きくする / ookikusuru ： agrandir
chiisai + suru = 小さくする / chiisakusuru ： réduire

D/ En fonction suspensive-connective (Forme en KU-TE)
Pour mémoire, citons cette fonction, qui sera abordée systématiquement plus tard, illustrée ici avec un seul exemple :

小さくて見えません。 / chiisakutemiemasen : C'est petit et je ne vois pas.

****

Le qualificatif invariable (QI) : morphologie

La seconde (et dernière) catégorie de mots correspondant à nos adjectifs est celle des qualificatifs invariables, plus proches, par leur morphologie et leur syntaxe, des mots nominaux que des mots de qualité. Invariables, ils ne prennent donc pas de flexion.

N. B. : alors que tous les mots de qualité se terminent sur la voyelle *i*, les qualificatifs invariables ne suivent pas de règle fixe. Mais il se trouve quelques qualificatifs invariables dont la dernière syllabe est *i* : きれい = joli, きらい = détestable (きらいです est la façon la plus courante de dire « Je n'aime pas »).

Le qualificatif invariable : syntaxe

A/ En fonction conclusive
Le qualificatif invariable s'utilise avec les diverses formes de la copule comme le mot nominal :

Qualificatif invariable	**Mot nominal**
しずかです (c'est tranquille)	ねこです (c'est un chat)
しずかでした (c'était tranquille)	ねこでした (c'était un chat)
しずかではありません (ce n'est pas tranquille)	ねこではありません (ce n'est pas un chat)
しずかではありませんでした (ce n'était pas tranquille)	ねこではありませんでした (ce n'était pas un chat)

B/ En fonction déterminante

Devant un mot nominal, le qualificatif invariable doit être suivi de la particule な NA pour être intégré dans la phrase :

しずかなまちです。 ： C'est une ville tranquille.
まじめな学生です。 ： C'est un étudiant sérieux.
きれいな部屋です。 ： C'est une jolie chambre/pièce.

C/ En fonction converbale

Le qualificatif invariable s'utilise également avec un verbe, en fonction converbale, par l'intermédiaire de la particule に NI :

しずかになりました。 ： C'est devenu calme.
しずかにしてください。 ： Tenez-vous tranquille !

D/ En fonction suspensive-connective

En fonction suspensive-connective, le QI est suivi de で DE, qui vient de です DESU :

しずかでいいです。 ： C'est tranquille et (donc) c'est bien.

(En fonction converbale, comme en fonction suspensive-connective, le QI s'intègre dans la phrase comme le MN, ainsi qu'on le verra plus loin.)

N. B. : trois mots de qualité peuvent s'utiliser, en déterminant, comme des qualificatifs invariables, mais sans le い *i* final. On pourra donc trouver les deux types de formes suivantes :

大きい車／大きな車 ： une grosse voiture
小さい子供／小さな子供 ： un petit enfant
おかしい人／おかしな人 ： une personne bizarre

****

Les déterminatifs démonstratifs :

Trois déterminatifs et un interrogatif construits à partir de la série des indices KO-, SO-, A-, DO-, s'utilisent devant le mot nominal. Ici, avec le mot 建物/ tatemono :

この建物です。 ： C'est ce bâtiment-ci.
その建物です。 ： C'est ce bâtiment-là.
あの建物です。 ： C'est ce bâtiment là-bas.
どの建物ですか。 ： Quel bâtiment est-ce ?

Les déterminatifs du lieu :

On rencontre deux séries dont la plus courte relève du niveau de langue de base et la plus longue du niveau de langue déférent :

ここです。／こちらです。 ： C'est ici.
そこです。／そちらです。 ： C'est là.
あそこです。／あちらです。 ： C'est là-bas.
どこですか。／どちらですか。 ： Où est-ce ?

N. B. : la seconde série peut se contracter en こっち、そっち、あっち、どっち, de niveau de langue moins déférent.

Les mots verbaux いる et ある :

Le mot verbal いる(MV1) dénote l'existence des êtres animés, humains et animaux. ある(MV5) ne s'utilise que pour les objets et les faits.

L'expression française « il y a… », lorsqu'elle signale la présence d'êtres animés ou d'objets, passe par l'utilisation d'un de ces deux verbes.

L'enclitique が marqueur du sujet :

Alors que は marque le thème de la phrase, が marque le sujet grammatical du mot verbal. が relie donc un mot nominal à un mot verbal.

が s'impose pour présenter ce qui apparaît pour la première fois dans le champ visuel, ou encore ce qui n'est pas connu de l'interlocuteur.

机（つくえ）の上に本があります。 : Sur la table il y a un livre / des livres.
部屋の中に子供（こども）がいます。 : Dans la chambre il y a un enfant / des enfants.

Les livres et les enfants étant ainsi situés, les mots qui les désignent seront suivis, dans les phrases suivantes, de la particule du thème は, et non plus de が.

N. B. : dans un propos homogène, par exemple sur la présence ou l'absence de divers objets sur une table, on notera l'emploi successif des diverses particules.

本があります。 : Il y a un (des) livre(s).
ざっしもあります。 : Il y a aussi une (des) revue(s).
ノートはありません。 : Il n'y a pas de cahiers. (= pour ce qui est de cahiers, il n'y en a pas)

La particule は n'est pas seulement thématique ici ; elle introduit une nuance relative/limitative : il n'y a pas de cahiers certes, mais il y a d'autres choses. La fréquence de は dans un contexte négatif est particulièrement élevée.

Avec les pronoms interrogatifs, qui par définition portent sur une chose ou une personne inconnues, l'enclitique が est indispensable.

なにがありますか。 : Qu'est-ce qu'il y a ? (sens concret de : que voyez-vous ?)
どれがいいですか。 : Lequel (chose) est bien ?
どこがいいですか。 : Où est-ce bien ? / Où cela convient-il ?

Particules de l'énumération や et と :

A/ Enumération non exhaustive avec や

Lorsque l'énumération n'est pas complète, la particule や **YA** doit être utilisée entre chaque mot nominal. Après l'énumération, c'est la particule appelée par le mot verbal qui doit être utilisée pour intégrer le groupe nominal dans la phrase.

本やざっしやノートがあります。 :
Il y a des livres, des revues, des cahiers (entre autres choses).
本やざっしやノートを買いました。 :
J'ai acheté des livres, des revues et des cahiers (entre autres).

B/ Enumération exhaustive avec と

Pour l'énumération complète, c'est l'enclitique と **TO** qui doit être employée.

本とざっしとノートを買いました。:

J'ai acheté des livres, des revues et des cahiers. (La nuance « et rien d'autre » est implicite.)

C/ Combinaisons de と et か

Notez – cela ne figure pas dans le texte – que l'on peut entendre とか **TOKA** après un MN ou parfois après un MV quand ce qui est cité est pris à titre d'exemple.

本とかざっしとかノートとかがありました。:

Il y avait diverses choses, des livres, des revues et des cahiers…

****

La forme en て-TE du mot verbal :

Cette forme assure la fonction "suspensive-connective". Seule la fonction connective sera étudiée dans une première étape.

Une première structure est à retenir : **MV forme en て+ いる**

La forme en て réunit ici directement deux MV. Ici, le second, いる (MV1), intervient comme auxiliaire. Cette combinaison exprime l'état de l'action en cours, le moment présent de l'action ; elle correspond à l'*aspect duratif*.

Sans la forme en て :

テレビを見ます。:

Je regarde la télévision (régulièrement tous les soirs)

Avec la forme en て :

テレビを見ています。:

Je regarde la télévision (maintenant = je suis en train de regarder la télévision).

La tournure MV en て＋いる ne peut jamais être employée pour exprimer une action à venir, sauf très rares exceptions.

N. B. : dans le langage parlé rapide, la syllabe い de いる est escamotée/amuisée :

テレビを見てます s'entend à la place de テレビを見て<u>い</u>ます, avec le même sens.

Remarque : avec certains mots verbaux, la tournure MV en て＋いる, exprimant un état continu, implique que l'action indiquée par le mot verbal principal a été accomplie antérieurement :

たちます(de たつ être dressé, MV5) : Je me lève/prends la position debout.

たっています : Je suis/je me tiens debout.

De même, しる (savoir, MV5) donne : しっています。 : Je sais.

De même, すむ (habiter, MV5) donne : すんでいます。 : J'habite.

De même, しぬ (mourir, MV5) donne : しんでいます。 : Il / elle est mort(e).

Morphologie de la forme en て du mot verbal :

La mémorisation du tableau qui suit, qui reprend pour partie le second Tableau de la morphologie des mots verbaux de la Leçon 2, importe d'autant plus que, d'une part, la forme en TE ne varie que d'une seule voyelle pour obtenir la forme du passé court en TA et que, d'autre part, la forme en TA s'adjoint la syllabe RA pour former un conditionnel ou bien la syllabe RI pour former ce qu'on appelle le "fréquentatif" ou "cumulatif", formes qui seront abordées ultérieurement.

A/ Pour les mots verbaux **ichidan**, la construction est des plus simples : la syllabe て s'ajoute à la racine du mot verbal :

見る（みる/voir）→ 見て, 出る（でる/partir, sortir）→ 出て etc...

B/ Pour les mots verbaux **godan**, la syllabe て s'ajoute à la base en *i*, mais celle-ci, de même que la syllabe en TE elle-même, est affectée de modifications phonétiques qui rendent cette forme souvent très irrégulière ; selon la dernière syllabe que prend le MV à sa forme du dictionnaire, on obtient les formes en TE qui suivent :

-KU→-ITE
かく (écrire) donne かいて / きく (écouter/demander) donne きいて
-GU→-IDE
ぬぐ (ôter ses vêtements) donne ぬいで
-SU→-SHITE (pas de modification)
はなす (parler) donne はなして
-TSU→-TTE
たつ (se dresser) donne たって
-RU→-TTE
のる (monter) donne のって
-NU→-NDE
しぬ (mourir) donne しんで
-BU→-NDE
よぶ (appeler) donne よんで
-MU→-NDE
のむ (boire) donne のんで
-AU, IU→-TTE
あう (rencontrer) donne あって / 買う (acheter) donne 買って
いう (dire) donne いって
Exception : 行く (aller) prend la forme 行って/ itte (et non pas 行いて/iite)

C/ Forme en て des deux irréguliers :

する→して, 来る→来て（きて）

Autres emplois de la forme en て du mot verbal :

Outre la forme MV en TE + IRU déjà vue pour le duratif, il faut retenir :

A/ Impératif (2ème personne)

A la forme en て s'ajoute 下さい（ください）：

来る donne 来て下さい。 : Venez !
聞く donne 聞いて下さい。 : Ecoutez ! / Demandez !
買う donne 買って下さい。 : Achetez !

Cette construction est valable pour tous les mots verbaux.

B/ MV en て + から : succession dans le temps

Un premier verbal à la forme en て suivi de から indique que l'action signalée par ce mot verbal a lieu avant celle qui est signalée par le second qui, quant à lui, est conclusif :

これを読んでから行きます。 : Je lis ceci et j'y vais / J'y vais après avoir lu ceci.

Cette construction est valable pour tous les mots verbaux.

C/ Expression de la demande d'autorisation / d'accord

MV en て＋も＋いいですか ("Est-ce bien même si je fais ... ? ")

Avec 行く : 行ってもいいですか。 : Est-ce que je peux y aller ?

Avec 飲む : 飲んでもいいですか。 : Est-ce que je peux boire ?

Construction MV + に + MV : le résultatif

Voir exemple de la Col. 10.

Après la racine d'un MV1 ou la base en *i* d'un MV5, la particule NI suivie d'un verbe de mouvement forme une construction dans laquelle le premier mot verbal apparaît comme le résultat du second :

Avec MV1 : 見に来てください。 : Venez voir !

Avec MV5 : 買いに行きます。 : Je vais acheter.

Avec MV Irr. : 電話しに行きました。 : Je suis allé(e) téléphoner.

N. B. : il ne s'agit pas d'un futur proche ou d'un passé récent, mais d'un déplacement en vue de l'action signalée par le premier mot verbal.

Le désidératif : MV -たい

Le suffixe -たい TAI ajouté à la racine du MV1 ou à la base en *i* du MV5 indique que le locuteur désire faire l'action du MV en question :

チョコレートが食べたい。 : J'ai envie de manger du chocolat.

日本に行きたい。 : J'ai envie d'aller au Japon.

ビールが飲みたい。 : J'ai envie de boire une / de la bière.

N. B. : ce qui serait marqué, sans le suffixe -TAI, par la particule ***O*** du "COD" doit être marqué, avec le suffixe -TAI, par ***GA***. (La chose désirée est marquée comme sujet.)

Remarque au plan du style : le désidératif est l'expression directe, donc brutale, du désir. C'est la raison pour laquelle il est préférable d'amortir l'aspect direct par "le présentatif" à la fin de la phrase. Le présentatif passe par l'emploi de NO + DESU après une forme verbale courte. La syllabe の NO est souvent amuïsée en ん N.

日本に行きたいの（ん）です。 : Je voudrais aller au Japon.

De plus, l'expression directe du désir est également souvent amortie par l'emploi de la particule GA à valeur de conjonction de coordination avec ellipse d'un autre verbe.

日本に行きたいの（ん）ですが･･･。 : Je voudrais aller au Japon, mais... (je n'ai pas d'argent / etc).

Par ailleurs, il faut retenir que le désidératif peut s'utiliser au négatif, pour lequel il prend la même flexion que le mot de qualité.

行きたくないです。 : Je n'ai pas envie d'y aller.

La particule が en tant que conjonction de coordination :

La particule が GA peut avoir un tout autre rôle que celui de marqueur du sujet (entre un mot nominal et un mot variable).

Pour l'analyse, le réflexe doit être acquis dès maintenant :

①SOIT が intervient après un mot ou un groupe nominal et cette particule, marque du sujet, n'a aucun équivalent en français ; ②SOIT が apparaît après un mot variable (MV, MQ ou copule) au conclusif, et assume alors le rôle de conjonction de coordination avec le sens de ET ou MAIS entre deux propositions indépendantes (la seconde pouvant être sous-entendue, cf. § précédent).

Relisez le texte de la Leçon 3 : vous devez y repérer 5 occurrences de が marqueur du sujet (Col. 4, 7, 9, 11, 15) et 2 occurrences de が conjonction de coordination (Col. 11 et 16).

Veuillez bien examiner les phrases suivantes :

①私が行きます。 : C'est moi qui (y) vais.
私がジャン・ピエールです。 : Jean-Pierre, c'est moi.

②田中さんはパリに行きますが、私はロンドンに行きます。 :
M. Tanaka va à Paris, mais moi, je vais à Londres.
ジャンさんは事務室に行きますが、私は図書室に行きます。 :
Jean va au secrétariat, et moi je vais à la bibliothèque.

N. B. : dans la langue parlée, la conjonction de coordination が GA est très souvent remplacée par けれども KEREDOMO ou l'une de ses formes plus courtes けれど KEREDO ou けど KEDO, notamment en cas d'ellipse de la seconde proposition indépendante (cas du が GA final, avant les points de suspension de la Col. 11 du texte).

Contractions dans la langue parlée :

De même qu'un mot tel que けれども KEREDOMO peut se contracter en deux formes courtes, nombreuses sont les expressions contractées dans la langue parlée. Le じゃあ jyā (de la Col. 18) est issu de では dewa, en français "Bon / Alors / Eh bien / Dans ces conditions". Plus les expressions contractées sont nombreuses et plus le style perd de son formalisme.

La structure MN + に + する :

Cette structure sert à l'expression du choix.

コーヒーにします。 : Je prends du café.
明日にします。 : Je préfère / choisis demain. (明日/あした = demain)
このレストランにしましょう。 : Entrons dans ce restaurant !

Par anticipation, notons la structure suivante avec le mot-outil こと KOTO (le "fait") :

日本へ行くことにしました。 : J'ai décidé d'aller au Japon.

Vocabulaire (dans l'ordre des kana)

Mots de Qualité (Variables)	Qualificatifs Invariables
あたらしい（新しい : neuf）	あんぜん（安全 : en sécurité, sûr）
あつい（厚い : épais）	いや（嫌 : détestable）
あつい（暑い : il fait chaud）	かんたん（簡単 : simple）
あつい（熱い : chaud）	きけん（危険 : dangereux, risqué）
いそがしい（忙しい : être occupé）	きらい（嫌い : ne pas aimer）
うつくしい（美しい : beau）	きれい（綺麗 : beau, propre）
うれしい（嬉しい : heureux, content, ravi）	けっこう（結構 : satisfaisant）
おおきい（大きい : grand） / 大きな*	げんき（元気 : en bonne santé）
おかしい（おかしい : étrange） /おかしな*	こくさいてき（国際的 : international）
おそい（遅い : lent, tard）	しずか（静か : calme, tranquille）
おもい（重い : lourd）	じどうてき（自動的 : automatique）
おもしろい（面白い : intéressant, amusant）	じょうず（上手 : habile）
かたい（固い : dur）	じょうぶ（丈夫 : solide）
かるい（軽い : léger）	しんせつ（親切 : gentil）
かわいい（可愛い : mignon）	すき（好き : aimer）
さむい（寒い : froid）	だいじ（大事 : important, grave）
せまい（狭い : étroit）	だいじょうぶ（大丈夫 : être en sécurité）
たかい（高い : élevé, cher）	たいせつ（大切 : important, précieux）
たのしい（楽しい : joyeux, réjouissant）	たいへん（大変 : terrible）
ちいさい（小さい : petit） / 小さな*	たしか（確か : certain）
つまらない（sans intérêt）	だめ（駄目 : problématique）
つよい（強い : fort）	とくい（得意 : fier, être fort en）
ながい（長い : long）	にがて（苦手 : point faible）
はやい（早い : tôt）	ふくざつ（複雑 : complexe）
はやい（速い : rapide）	へた（下手 : maladroit）
ひろい（広い : large, grand）	へん（変 : bizarre）
ふるい（古い : vieux, ancien）	べんり（便利 : pratique, commode）
みじかい（短い : court）	ポピュラー（populaire）
むずかしい（難しい : difficile）	まじめ（真面目 : sérieux）
やさしい（優しい : doux, tendre）	モダン（moderne）
やさしい（易しい : facile）	ゆうめい（有名 : célèbre）
やすい（安い : bon marché）	りっぱ（立派 : admirable）
やわらかい（軟らかい : mou, tendre, doux）	
よわい（弱い : faible）	
わるい（悪い : mauvais）	

* Ces trois mots de qualité s'utilisent aussi fréquemment avec NA en déterminant.

L3　練習問題 / れんしゅうもんだい / **Exercices L3**

Exercice L3 - 1　Mots de qualité et qualificatifs invariables

A. Répondez au négatif aux questions (changement de type de qualificatif à chaque ligne).

1. その車は新しいですか。〔MQ〕
   →
2. このバイクのエンジンは静かですか。〔Q I〕
   (バイク = moto, エンジン = moteur)
   →
3. その教室は大きいですか。〔MQ〕
   →
4. あの学生は真面目ですか。〔Q I〕
   →
5. その映画は面白いですか。〔MQ〕
   →
6. あの人は親切ですか。〔Q I〕
   →

B. Mettez au passé les phrases suivantes (changement de type de qualificatif à chaque ligne).

1. この本は面白いです。〔MQ〕
   →
2. この町は静かです。〔Q I〕(町/まち = ville)
   →
3. この本は難しいです。〔MQ〕
   →
4. この川はきれいです。〔Q I〕(川/かわ = rivière)
   →
5. このパンはやわらかいです。〔MQ〕(パン = pain)
   →
6. この問題は簡単です。〔Q I〕(問題/もんだい = problème)
   →

Exercice L3 - 2 MQ ～く なる / QI に なる

Former de courtes phrases sur les modèles qui suivent au perfectif.

Exemples 例/れい :

A. あつい → あつくなりました。/ Le temps s'est mis au chaud.

B. 静か → 静かになりました。/ C'est devenu tranquille.

1. さむい →
2. 元気 →
3. 大きい →
4. 上手 →
5. 古い →
6. 便利 →
7. 安い →
8. 有名 →

Exercice L3 - 3* Mots verbaux ある et いる

Thème

1. Il y a des fleurs sur le bureau. (dessus = 上/うえ MN, fleur = 花/はな)
2. Il y a un chien sous le bureau. (dessous = 下/した MN)
3. Il y a un petit garçon à côté d'une petite fille.
   (petite fille = 女の子/おんなのこ, côté = となり, petit garçon = 男の子/おとこのこ)
4. Il y a un chat dans la chambre. (chat = 猫/ねこ)
5. Il y a des livres dans le sac. (dedans = 中/なか)
6. Il y a une petite fille devant la voiture. (devant = 前/まえ MN)
7. Il y a un restaurant derrière l'université. (derrière [et invisible] = 裏/うら MN)
8. Il y a un hôpital à droite de la gare. (hôpital = 病院/びょういん)
9. Il y a un salon de coiffure à gauche de cette maison.
   (gauche = 左/ひだり, salon de coiffure = 美容院/びよういん)
10. Il y a des chaussures près du bureau. (près = そば, chaussure = くつ)

Exercice L3 - 4* Désidératif MV～たい / MV～たくない

Thème

1. Je voudrais aller en Chine l'an prochain.
2. Je voudrais vendre cet ordinateur.
3. Je ne voudrais pas nager dans cette rivière-là. (nager = 泳ぐ/およぐ)
4. Vous n'avez pas envie de boire de la bière ?
5. Il y a un livre que je voudrais voir à la bibliothèque.

Exercice L3 - 5*　MV～ている

Version

1. この携帯電話は去年買いましたが、今でも使っています。
   （携帯電話/けいたいでんわ ＝ téléphone portable）
2. 今、勉強していますから明日の朝電話してください。
3. イヴ・ミッシェルさんは大学でフランス語を教えています。

Thème

4. Aujourd'hui, Hanako porte un joli kimono.
5. Delphine habite Arles depuis trois ans.
   （depuis trois ans ＝ 三年前から/さんねんまえから）
6. Ma mère est en train de confectionner une soupe. （soupe ＝ スープ）

第四課　帰り道

田中　ジルさんはどこに住んでいますか。

ジル　中野区に住んでいます。これから丸の内線に乗って、新宿まで行って、買い物をして帰ります。

先生　地下鉄の乗り方は分かりますか。

ジル　はい、分かります。今日はどうもありがとうございました。では、お先に失礼します。

先生　じゃあ、また火曜日に会いましょう。

（デパートのカメラ売り場で）

店員　いらっしゃいませ。

ジル　すみません、小さくて軽いカメラがほしいのですが…。

店員　色々なタイプがありますからどうぞこちらへ。ごよさんはどのくらいですか。

ジル　そうですね、一万円ぐらいです。今、全自動のカメラを持っていますが、今度はデジタルカメラにしようと思っています。

店員　では、こちらはいかがですか。

一万八千五百円でございます。

ジル　一万八千五百円ですか。もう少し安いのはありませんか。

店員　こちらが一番安いデジタルカメラで、九千八百円でございます。

（ジルはカメラを手にする）

ジル　ちょっと重すぎますね。他のものを見せてください。

店員　では、こちらはもっと簡単なモデルで、おねだんは一万二千九百円でございます。

ジル　ああ、いいですね。じゃあ、それと今持っているカメラ用にカラーフィルムを二本下さい。

店員　何枚どりになさいますか。

ジル　二十四枚どりをください。

店員　申し訳ございません。三十六枚どりのしかございませんが…。

ジル　そうですか。それじゃあ、一本だけでいいです。いくらになりますか。

店員　全部で一万三千七百五十円でございます。

第四課　帰り道

田中　ジルさんはどこに住んでいますか。

ジル　中野区に住んでいます。これから丸の内線に乗って、新宿まで行って、買い物をして帰ります。

先生　地下鉄の乗り方は分かりますか。

ジル　はい、分かります。今日はどうもありがとうございました。では、お先に失礼します。

先生　じゃあ、また火曜日に会いましょう。

（デパートのカメラ売り場で）

店員　いらっしゃいませ。

ジル　すみません、小さくて軽いカメラがほしいのですが…。

店員　色々なタイプがありますからどうぞこちらへ。ごよさんはどのくらいですか。

ジル　そうですね、一万円ぐらいです。今、全自動のカメラを持っていますが、今度はデジタルカメラにしようと思っています。

店員　では、こちらはいかがですか。

一万八千五百円（いちまんはっせんごひゃくえん）でございます。

ジル　一万八千五百円ですか。もう少（すこ）し安いのはありませんか。

店員　こちらが一番（いちばん）安いデジタルカメラで、九千八百円（きゅうせんはっぴゃくえん）でございます。

（ジルはカメラを手（て）にする）

ジル　ちょっと重（おも）すぎますね。他（ほか）のものを見せてください。

店員　では、こちらはもっと簡単（かんたん）なモデルで、おねだんは一万二千九百円（いちまんにせんきゅうひゃくえん）でございます。

ジル　ああ、いいですね。じゃあ、それと今持っているカメラ用（よう）にカラーフィルムを二本（にほん）下さい。

店員　何枚（なんまい）どりになさいますか。

ジル　二十四枚（にじゅうよんまい）どりをください。

店員　申（もう）し訳（わけ）ございません。三十六枚（さんじゅうろくまい）どりのしかございませんが…。

ジル　そうですか。それじゃあ、一本（いっぽん）だけでいいです。いくらになりますか。

店員　全部（ぜんぶ）で一万三千七百五十円（いちまんさんぜんななひゃくごじゅうえん）でございます。

Vocabulaire Leçon 4

abrév.	mot/expression	prononciation	sens
MV5	帰る	かえ・る	revenir
MN	帰り道	かえ・り・みち	chemin de retour
MV5	住む	す・む	habiter
MN	中野区	なかのく	Arrondissement de Nakano
Loc	これから		à partir de maintenant
MN	丸の内線	まる・の・うち・せん	Ligne Marunouchi (métro de Tōkyō)
MN	買い物	か・い・もの	achat, courses
MN	地下鉄	ちかてつ	métro
MN	～（MV）方	～かた	façon de …
MV5	分かる	わ・かる	être clair (comprendre)
MN	先	さき	(devant / avant)
MN	失礼	しつれい	impolitesse / incorrection
MN	火曜日	かようび	mardi
MV5	会う	あ・う	rencontrer
MN	デパート		grand magasin
MN	カメラ		appareil photo
MN	売り場	う・り・ば	point de vente, rayon
Loc	いらっしゃいませ		« Soyez les bienvenus chez nous ! »
Loc	すみません		“ Pardon ” / “ Merci ”
MQ	小さい	ちい・さい	petit
MQ	軽い	かる・い	léger
MQ	ほしい		faire l'objet d'envie (= vouloir)
QI	色々（= 色色）	いろいろ	divers ; 々 : signe de répétition de kanji
MN	タイプ		type, sorte
MN	（ご）よさん		budget (ici avec la version sino-japonaise du préfixe honorifique)
MN	一万	いちまん	dix-mille
MN	円	えん	yen
MN	自動	じどう	automatisme
Pre	全～	ぜん～	tout-
MV5	持つ	も・つ	tenir, posséder
MN	今度	こんど	cette fois-ci, la prochaine fois
MN	デジタルカメラ		appareil photo numérique

MVIrr.	しよう		de する, flexion du volitif
MV5	思う	おも・う	penser
Loc	いかがですか		« Qu'en pensez-vous ? »
MN	千	せん	mille
MN	百	ひゃく	cent
MV5	（で）ございます		forme du MV5 ござる précédé de で
Loc	もう少し	もう・すこ・し	encore un peu
Spec	一番	いちばん	premier
MN	手	て	main
A	ちょっと		un peu
MQ	重い	おも・い	lourd
MV1	すぎる		dépasser / (faire) trop
MN	他	ほか	autre, différent
MN	もの		chose (concrète)
MV1	見せる	み・せる	montrer
A	もっと		encore plus
QI	簡単	かんたん	simple
MN	モデル		modèle
MN	ねだん		prix
Suf	～（MN）用	よう	à l'usage de … (après MN)
MN	カラーフィルム		film / pellicule couleurs
Spec	二本	にほん	deux (objets longs)
Spec	枚	まい	(pour compter les objets plats)
MN(Loc)	何枚どり	なんまい・どり	de combien de poses (photo)
MV5	なさる		faire (déférent) (cf. Leçon 8)
Loc	申し訳ございません	もう・し・わけ・ございません	« Je n'ai pas d'excuse. »
Pr	しか（･･･ない）		(Voir explications.)
Conj	それでは、それじゃ		alors, dans ces conditions
Spec	一本	いっぽん	un (objet long)
San	だけ		seulement
I	いくら		combien
MV5	なる		devenir ("faire" pour un prix)

Kanji du texte de base / Lectures *ON* et *kun* / Sens / Quelques composés

kanji	lectures	sens	composés
帰	キ かえ・る かえ・す	rentrer retourner	帰国/きこく（retour au pays） 帰宅/きたく（retour à la maison）
道	ドウ、トウ みち	voie chemin	国道/こくどう（route nationale） 水道/すいどう（eau courante） 神道/しんとう（Shintō） 道路/どうろ（route）
住	ジュウ す・む す・まう	habiter	住宅/じゅうたく（habitation） 住所/じゅうしょ（adresse） 住民/じゅうみん（habitant）
野	ヤ の	plaine	野菜/やさい（légumes） 野球/やきゅう（base-ball）
区	ク	arrondissement	地区/ちく（secteur） 区分/くぶん（division）
丸	ガン まる、まる・い まる・める	rond arrondir	日の丸/ひのまる（drapeau japonais） 日本丸/にほんまる（nom de navire）
内	ナイ、ダイ うち	intérieur	内部/ないぶ（intérieur） 国内/こくない（dans le pays）
線	セン	ligne	内線（poste téléphonique intérieur） 電話線/でんわせん (ligne téléphonique）
乗	ジョウ の・る の・せる	monter (moyen de transport)	乗車券/じょうしゃけん（billet） 二乗/にじょう（le carré [maths.]）
鉄	テツ	fer	鉄道/てつどう（chemin de fer） 鉄鋼業/てっこうぎょう（sidérurgie）
方	ホウ かた	direction, côté personne / manière	方法/ほうほう（moyen, méthode） 一方/いっぽう（un côté, par ailleurs）

失	シツ うしな・う	perdre	失言/しつげん（lapsus） 失業/しつぎょう（chômage）
礼	レイ、ライ	protocole, rituel salutation remerciement	礼儀/れいぎ（politesse） お礼/おれい (remerciement, preuve de gratitude)
火	カ ひ、ほ	feu	火山/かざん（volcan） 花火/はなび（feu d'artifice） 火事/かじ（incendie）
曜	ヨウ	jour de la semaine	曜日/ようび（jour de la semaine）
会	カイ、エ あ・う	rencontre groupe rencontrer	会合/かいごう（réunion） 会話/かいわ（conversation）
売	バイ う・る う・れる	vente vendre	売り手/うりて（vendeur） 商売/しょうばい（commerce）
場	ジョウ ば	lieu endroit	市場/しじょう（marché [secteur]） 劇場/げきじょう（théâtre [salle]） 場所/ばしょ（lieu, endroit） 市場/いちば（marché [aliments]）
小	ショウ ちい・さい こ、お	petit	小学生/しょうがくせい（écolier） 中小企業/ちゅうしょうきぎょう (P.M.E)
軽	ケイ かる・い かろ・やか	léger	軽食/けいしょく（repas léger） 手軽/てがる（commode）
色	ショク、シキ いろ	couleur	水色/みずいろ（bleu-clair） 金色/きんいろ（jaune d'or） 色男/いろおとこ（bel homme）
一	イチ、イッ ひと ひと・つ	un	一日/いちにち（un jour） 一日/ついたち（le 1er du mois） 一本/いっぽん（un [objet long]） 一人/ひとり（une personne）

万	マン、バン	dix mille	一千万/いっせんまん（dix millions） 万歳/ばんざい（Vive …!）
円	エン まる・い	rond yen	一円/いちえん（un yen） 円満/えんまん（concorde） 円柱/えんちゅう（colonne）
自	ジ、シ みずか・ら	soi spontanément	自分/じぶん（soi-même） 自由/じゆう（liberté）
動	ドウ うご・く うご・かす	bouger	動物/どうぶつ（animal） 自動詞/じどうし（verbe intransitif）
持	ジ も・つ	tenir, posséder	支持/しじ（soutien） 維持/いじ（conservation, maintien） 金持ち/かねもち（riche）
度	ド、ト、タク たび	degré, fois	速度/そくど（vitesse） 支度/したく（préparatifs） 度々/たびたび（maintes fois）
思	シ おも・う	pensée	不思議/ふしぎ（mystère） 意思/いし（volonté） 思い出/おもいで（souvenir） 思想/しそう（pensée）
千	セン ち	mille	千鳥足/ちどりあし (d'un pas titubant) 千差万別/せんさばんべつ (variétés à l'infini)
百	ヒャク	cent	百万/ひゃくまん（un million） 百貨店/ひゃっかてん (grand magasin)
少	ショウ すこ・し すく・ない	peu	減少/げんしょう（diminution） 少数/しょうすう（minorité） 多少/たしょう (plus ou moins, quelque peu)

番	バン	garde	番号/ばんごう（numéro） 二番（目）/にばん（め）(deuxième)
手	シュ て、た	main	選手/せんしゅ（joueur, athlète） 運転手/うんてんしゅ（conducteur） 切手/きって（timbre）
重	ジュウ、チョウ え、おも・い かさ・なる かさ・ねる	lourd	体重/たいじゅう（poids [du corps]） 貴重/きちょう（précieux） 重荷/おもに（fardeau, lourde charge）
他	タ ほか	autre	他人/たにん (autrui) その他/た・ほか（par ailleurs）
簡	カン	tablette, écrit simple, bref	簡素/かんそ（frugalité, simplicité） 書簡/しょかん (lettre, correspondance）
単	タン	seul, simple, unité	単語/たんご（mot, vocable） 単位/たんい（unité, dénomination） 単数/たんすう（singulier）
用	ヨウ もち・いる	usage, affaire	用意/ようい（préparation） 用事/ようじ（affaire） 子供用/こどもよう（pour enfants）
枚	マイ	spécifique numéral pour les objets plats	二枚目/にまいめ（jeune premier） 枚数/まいすう (nombre d'objets plats）
申	シン もう・す	dire (humble)	申告/しんこく (déclaration [d'impôts]) 申請/しんせい (demande, requête) 申し入れ/もうしいれ (proposition, réclamation）
訳	ヤク わけ	traduction raison, sens	通訳/つうやく（interprétation） 言い訳/いいわけ (excuse, justification）

LEÇON 4 : Explications et commentaires

La fonction suspensive-connective (MV en TE) du mot verbal :

Nous abordons avec cette Leçon l'aspect suspensif de la fonction "suspensive-connective". Cette appellation peut paraître surprenante ; elle est d'autant plus justifiée que la forme en TE sert à relier des mots verbaux à distance, "par-dessus" leurs divers compléments, jusqu'au mot verbal final.

Ceci apparaît lorsque le propos d'une phrase comportant plusieurs mots verbaux est homogène, et notamment lorsque le sujet grammatical reste le même : les mots verbaux, à l'exception du dernier, revêtent la forme en TE.

La forme en TE ne porte pas la marque du niveau de langue ni du perfectif ; seule la dernière forme verbale, au conclusif, porte ces marques.

田中さんと会って買い物をして帰ります。 :
Je rencontre M./Mme Tanaka, je fais des courses et je rentre.
(会って= forme en TE de 会う/ して= forme en TE de する.)

N. B. : la virgule après la forme en TE n'est nécessaire que dans les phrases longues.

Notez que seule la flexion du dernier mot verbal change pour mettre cette phrase au perfectif : 田中さんと会って買い物をして帰りました。 :
J'ai rencontré M./Mme Tanaka, j'ai fait des courses et je suis rentré.

Une succession d'actions accomplies par une même personne ne peut être rapportée que par la forme en TE du mot verbal, puis par une forme conclusive. Le rôle de cette forme, qui assure littéralement une fonction suspensive-connective, est donc de première importance.

MV + *kata* = Façon de (verbe) :

A la racine du MV1 ou à la base en *i* du MV5 s'accole le mot nominal KATA pour donner en français "la façon de ..." :

MV1 : 食べる → 食べ方 (façon de manger) / 見る → 見方 (façon de voir)
MV5 : 書く → 書き方 (façon d'écrire) / 使う → 使い方 (façon d'utiliser)

Particule *GA* après un groupe complet = conjonction de coordination :

Rappel : après un énoncé complet, la particule GA pose ce qui vient d'être dit et annonce un autre énoncé complet, parfois en prenant une valeur adversative.

去年はイギリスへ行きましたが、今年はアイルランドへ行きます。 :
L'an dernier je suis allé en Angleterre, mais cette année je vais en Irlande.

N. B. (Rappel) : cas particulier, mais fréquent, de la tournure elliptique : lorsque l'énoncé peut poser problème à l'interlocuteur ou au locuteur, en cas d'impossibilité de satisfaire une demande, d'indisponibilité, etc, l'énoncé peut prendre fin sur cette particule :

パンはもうありませんが・・・。 : Du pain, il n'y en a plus ... (je suis désolé)
今日は時間がありませんが・・・。 : Aujourd'hui, je n'ai pas le temps ... (peut-être demain...) (時間/じかん = le temps)
軽いのがほしいんですが・・・。 : J'en voudrais un léger ... (mais, l'aurez-vous ?)

Mots verbaux de déférence :

Le niveau de langue s'exprime par la présence ou l'absence du suffixe -ます dans la flexion verbale, mais aussi, dans une douzaine de cas fréquents, par un changement de lexique (cf. Leçon 8).

Avant de les utiliser, il est tout d'abord nécessaire de reconnaître certains de ces mots :

ござる (MV5 légèrement irrégulier ; donne ございます) : remplace le MV5 ある et la copule です (dans ce dernier cas, il est précédé de la syllabe で) :

新聞はございません。 : Il n'y a pas de journaux. (Pour 新聞はありません)

新聞ではございません。 : Ce n'est pas un journal. (Pour 新聞ではありません)

(新聞/しんぶん = journal)

Rappel : いらっしゃる (MV5 ; donne いらっしゃいます) : remplace les MV 来る, 行く et いる dans le niveau de langue qui exalte l'interlocuteur ou un tiers vis-à-vis duquel on marque beaucoup de déférence . いらっしゃいませ (« Soyez le bienvenu ! ») est issu de ce MV.

なさる (MV5 ; donne なさいます) remplace le MV する, dans le même esprit, pour marquer plus de déférence vis-à-vis de l'interlocuteur ou d'un tiers.

N. B. 1 : il suit qu'en aucun cas le sujet grammatical de ces deux derniers mots verbaux ne peut être le locuteur.

N. B. 2 : de façon générale, l'emploi de ces mots verbaux permet d'éviter l'emploi des équivalents de nos pronoms personnels.

Le préfixe honorifique

Devant les mots indigènes (lecture **kun**), le préfixe honorifique お se rencontre plus souvent dans le langage féminin que masculin.

Devant un mot sino-japonais (lecture ON), c'est la version ご du préfixe qui doit être utilisée. C'est ce ご qui figure dans la Col. 12 du texte de base de la Leçon.

Forme en て du mot de qualité (rappel) :

Morphologie : la syllabe finale い est remplacée par くて

Fonction : de coordination, devant un autre qualificatif ou devant un mot verbal :

小さくて軽い : Petit et (donc) léger

小さくて見えません。 : C'est petit et/donc je ne vois pas.

Le suspensif-connectif de la copule :

La forme DESU de la copule (au conclusif) devient DE pour assurer la fonction du suspensif-connectif après deux types de mots :

1/ Après un MN

リーさんは中国人で、学生です。 : M.Li est Chinois, il est étudiant.

これは日本のもので、それは韓国のものです。 : Ceci, c'est japonais ; cela, c'est coréen. (もの = chose concrète, 韓国 / かんこく = Corée du Sud)

2/ Après un QI

ここは静か（しずか）で、いいです。 : Ici, c'est tranquille et c'est bien.

アルルはきれいで、古い街です。 : Arles est une ville belle, et ancienne.

(古い / ふるい = ancien, 街 / まち = ville)

Expressions subjectives :

L'expression de certains sentiments ou états de fait passe en japonais par l'emploi de mots de qualité ou de qualificatifs invariables là où le français fait appel à des verbes :

ほしい(MQ)	Faire l'objet de désir	-> vouloir posséder
好き（す·き）(QI)	Faire l'objet d'appréciation/amour	-> aimer
きらい (QI)	Faire l'objet de détestation	-> ne pas aimer
上手（じょうず）(QI)	Faire l'objet d'habilité	-> être doué
下手（へた）(QI)	Faire l'objet de maladresse	-> être maladroit
とくい(QI)	Faire l'objet de fierté/don	-> être fort
にがて(QI)	Faire l'objet de faiblesse	-> être faible

Attention : la chose qui est l'objet du sentiment ou le domaine dans lequel on est doué ou maladroit, etc, sont signalés par l'enclitique が.

車がほしいです。 : Je voudrais une voiture.
ピエールさんは日本語が上手です。 : Pierre est doué en japonais.
(Dans la phrase ci-dessus, notez la structure avec は et が)
日本料理（りょうり）が大好き（だいすき）です。 :
J'aime beaucoup la cuisine japonaise.

Le volitif :

Le MV5 à la flexion Ō ou le MV1 à la flexion en YŌ suivi de la particule と de citation et du verbe 思う (おもう, penser) exprime le souhait ou la volonté.

行こう。 : On y va ! (style familier)
行こうと思います。 : Je pense y aller.
行こうと思っています。 : Je compte y aller.
映画を見ようと思っています。 : Je compte voir un film.
それにしようと思っています。 : Je compte choisir cela.

Les formes du volitif suivies de と思う ne s'utilisent que pour le souhait ou la volonté du locuteur.

On retiendra par ailleurs l'utilité du mot つもり utilisé après un déterminant, souvent verbal, pour exprimer l'intention du locuteur :

行くつもりです。 : J'ai l'intention d'y aller.
そのつもりです。 : J'en ai l'intention.

Ellipse du MN par l'enclitique の :

Après un premier mot nominal, la particule の permet de ne pas répéter un second mot nominal :

右の車は田中さんのです。 : La voiture de droite est celle de M. Tanaka.
私のです。 : C'est le mien / la mienne / Ce sont les miens /…

Le verbe すぎる comme auxiliaire :

Après la racine du MV1 ou du MQ, et après la base en *i* du MV5, le MV すぎる introduit le sens de « trop ».

Avec MV1, 食べる : 食べすぎました。 : J'ai trop mangé.
Avec MV5, 行く : 行きすぎました。 : Je suis / on est allé trop loin.

Avec MQ, 高い：高すぎます。 : C'est trop cher.
Avec QI, 簡単：簡単すぎます。 : C'est trop facile.

N. B. : le MV1 すぎる seul s'utilise essentiellement pour exprimer le passage du temps :
三時をすぎました。 : Il est 3 heures passées.

Le restrictif しか + MV au négatif :

La particule relationnelle しか se place après un mot nominal, où elle remplace toute autre particule, dans un énoncé qui comporte un mot verbal au négatif, au sens de « ne … que ».

それしかありません。 : Il n'y a que cela.
日本語しか分かりません。 : Je ne comprends que le japonais.

Les indications chiffrées :

En dehors du calcul abstrait, les indications chiffrées passent par l'emploi d'un chiffre suivi d'un spécifique numéral selon la catégorie des objets dont le nombre est signalé, en fonction de leur forme.

Les chiffres

De 1 à 10, il existe deux séries de prononciations différentes pour les chiffres.

La première série est celle des lectures ***kun*** qui n'est pas utilisée avec les spécifiques numéraux, mais doit être connue :

一つ／hitotsu = 1 ; 二つ／futatsu = 2 ; 三つ／mittsu = 3 ; 四つ／yottsu = 4 ;
五つ／itsutsu = 5 ; 六つ／muttsu = 6 ; 七つ／nanatsu = 7 ; 八つ／yattsu = 8 ;
九つ／kokonotsu = 9 ; 十／tō = 10

Cette série peut-être utilisée pour compter des petits objets de formes diverses. Elle ne peut pas être utilisée pour le nombre de personnes, pour les jours du mois, ni avec un quelconque spécifique numéral.

Avec les spécifiques numéraux doit être utilisée la série de lectures *ON* :

一／ichi = 1 ; 二／ni = 2 ; 三／san = 3 ; 四／shi = 4 ; 五／go = 5 ;
六／roku = 6 ; 七／shichi = 7 ; 八／hachi = 8 ; 九／kyū = 9 ; 十／jyū = 10 ;
百／hyaku = 100 ; 千／sen = 1.000 ; 万／man = 10.000 ; 億／oku = 100.000.000

(Des variantes et des irrégularités de prononciation se produisent dans cette série, dont certaines sont expliquées ci-après.)

Parmi les spécifiques numéraux les plus usités, notons :

本（ほん） : Objets de forme cylindrique ou allongée (stylos, cigarettes, pellicules, cannettes, mais aussi trains, pneus etc…)
枚（まい） : Objets plats (feuilles, billets, assiettes)
冊（さつ） : Livres, revues
台（だい） : Appareils, machines, voitures
杯（はい） : Verres / bols pleins
通（つう） : Lettres
軒（けん） : Maisons, bâtiments
個（こ） : Petits objets, objets ronds
匹（ひき） : Petits animaux
人（にん） : Etres humains
羽（わ） : Oiseaux, lapins

時（じ）　: Heures
分（ふん）: Minutes
機（き）　: Grosses machines (avions, etc)
キロ　　　: Kilogrammes ou kilomètres

Les chiffres en prononciation sino-japonaise (*ON*) se combinent avec les spécifiques numéraux. Certaines modifications phonétiques s'observent :

一 (1) et 八 (8) :

ち remplacé par –pp devant h : 一本／いっぽん (et non いちほん)
ち remplacé par –ss devant s : 一冊／いっさつ (et non いちさつ)
ち remplacé par –tt devant t : 一通／いっつう (et non いちつう)
一軒／いっけん et 一個／いっこ (et non いちけん、いちこ)

三 (3) :

h devient b : 三本／さんぼん (et non さんほん), 三百／さんびゃく, 三匹／さんびき
h devient p : 三分／さんぷん
k devient g : 三軒／さんげん

四 (4) :

shi est parfois remplacé par yo : 四時／よじ, ou encore yon : 四本／よんほん.
Mais on a : 四月／しがつ (avril)

六 (6) :

ku remplacé par –pp devant h : 六本／ろっぽん (et non ろくほん), 六百／ろっぴゃく
ku remplacé par –kk devant k : 六軒／ろっけん (et non ろくけん)

七 (7) :

La prononciation ***kun*** nana remplace souvent la prononciation *ON* shichi.

九 (9) :

kyū devient parfois ku : 九時／くじ, 九月／くがつ (septembre)

十 (10) :

Avec h, donne –jupp : 十分／じゅっぷん, 十本／じゅっぽん
(parfois le son jupp– est transformé en jipp– : 十分／じっぷん, 十本／じっぽん)
Avec s donne –juss : 十冊／じゅっさつ
Avec t donne –jutt : 十通／じゅっつう

Attention : le spécifique 人 pour les êtres humains donne lieu à plusieurs lectures particulières :

一人 : ひとり, 二人 : ふたり, 四人 : よにん,
七人 peut se lire しちにん et/ou ななにん.

Pour le compte d'autres nombres de personnes on se sert des combinaisons de lectures *ON*. (Mais 一人前 se lit いちにんまえ, 二人前 se lit ににんまえ pour une et deux parts en matière de cuisine, au restaurant.)

Syntaxe
L'indication chiffrée (chiffre + spécifique numéral) s'intègre selon deux structures dans la phrase.

1/ Soit après le mot nominal, suivi de son enclitique, et devant le mot verbal - cette structure est la plus fréquente :

たまごを六個買って下さい。 : Achetez 6 œufs !
オレンジを一キロ買いました。 : J'ai acheté un kilo d'oranges.
(オレンジ = orange)
大きい車は一台あって小さいのは三台あります。 :
Il y a une grosse voiture et trois petites.

2/ Soit avant le mot nominal qu'elle détermine au moyen de l'enclitique の (au plan stylistique, cette tournure est plus littéraire, et plus rare) :

そこに三枚のさらがありました。 : Il y avait là trois assiettes.
いすの上で二匹のこねこがねています。 : Sur la chaise dorment deux chatons.
一通の手紙が来ました。 : Une lettre est arrivée. (手紙/てがみ = lettre)

L'interrogatif se forme en apposant 何 devant chacun des spécifiques numéraux.
Il se produit des modifications phonétiques :

Pour 本 et 軒, la combinaison donne 何本／なんぼん et 何軒／なんげん :
一日（いちにち）にたばこを何本すいますか。 :
Combien de cigarettes fumez-vous par jour ?

De même 匹／ひき et 分／ふん donnent 何匹／なんびき et 何分／なんぷん :
犬は何匹いますか。 : Combien y a t-il de chiens ? (犬/いぬ = chien)
五匹います。 : Il y en a cinq.

(Dans cette structure, pour insister sur l'importance du chiffre, on peut rencontrer la particule も après l'indication chiffrée : 犬は五匹もいます。 : Des chiens, il y en a cinq !)

杯 précédé de 一 donne 一杯／いっぱい : un verre / un espace plein

Le négatif absolu : pas même … un

Ce négatif se forme en ajoutant après l'indication chiffrée l'enclitique も, le mot verbal qui suit devant être au négatif :
本は一冊もありません。 : Il n'y a pas même un livre / un seul livre.
イギリス人は一人もいません。 : Il n'y a pas un seul Anglais.

Sur ce modèle se construisent aussi :
何もありません。 : Il n'y a rien.
誰もいません。 : Il n'y a personne. （誰/だれ＝ qui ?）

L4 練習問題 / れんしゅうもんだい/ **Exercices L4**

Exercice L4 - 1* Exercices sur la forme en TE du MV

Traduisez en japonais les phrases suivantes en utilisant la forme en TE de chaque mot verbal à l'exception du mot verbal final.

1. J'ai fait des courses, rencontré des amis et je suis rentré. (ami = 友達/ともだち)
2. J'ai travaillé à l'université, téléphoné à des amis et je suis rentré.
3. Je rencontre des amis, fais des courses et je vais à l'université.
4. Je me lève à sept heures, regarde la télévision et je sors. (sortir = 出かける/でかける)
5. J'achète le journal, je prends un café et je rentre chez moi.

Exercice L4 - 2 Conjonction de coordination GA

Version

1. 去年は日本語を勉強しましたが、今年は中国語を勉強します。
2. 今日は時間がありませんが、明日は家にいます。(時間/じかん = temps)
3. 小さくて軽い携帯電話がほしいんですが。
   (携帯電話/けいたいでんわ = téléphone portable)
4. 来年は日本へ行きたいのですが、お金はあまりありません。
   (来年/らいねん = l'année prochaine)
5. あまり難しくないドイツ語の本が買いたいのですが。

Exercice L4 - 3 Expressions subjectives

Version

1. 小さいカメラがほしいんですが・・・。
2. 日本のビールが好きですか。
3. 田中さんはドイツ語が上手です。
4. ジャンさんはスポーツが苦手です。(スポーツ = sport)
5. この店のパンが好きではありません。

Exercice L4 - 4* Expressions subjectives

Thème

1. Pierre n'est pas doué en chinois.
2. Ma mère aime beaucoup le café.
3. Marie est forte en japonais.

4. Je n'aime pas les chats.
5. Je voudrais un ordinateur léger.

Exercice L4 - 5* Les indications chiffrées

Complétez les phrases qui suivent avec des spécifiques numéraux.

1. 昨日駅でざっしを三（　）買いました。
2. 教室に学生が十二（　）と先生が一（　）います。
3. 机の上に手紙が四（　）と本が二（　）とえんぴつが五（　）あります。
   （えんぴつ ＝ crayon）
4. 次のパリ行きの電車は１３（　）２０（　）に出ます。
   （次/つぎ ＝ prochain, パリ行きの電車/パリいきのでんしゃ ＝ train qui va à Paris）
5. うちにはねこが五（　）もいます。

Exercice L4 - 6* Le restrictif しか・・・ない

Thème

1. Dans la salle de classe, il n'y a que des étudiants.
2. Sur la table, il n'y a que des cahiers.
3. Pierre ne boit que du bon vin.
4. Le professeur ne parle que le japonais.
5. Je ne connais que les kanji qu'a écrits le professeur.

Exercice L4 - 7* Le suspensif-connectif de la copule

Version

1. 田中さんは学生で、先月東京から来た人です。
2. エクスの町は静かで、いいところです。（ところ ＝ endroit）
3. マルセイユは大きな町で、大学は三つもあります。

Exercice L4 - 8* Le suspensif-connectif de la copule

Thème

1. Cette université est célèbre et il y a beaucoup d'étudiants étrangers.
2. A gauche, c'est un livre japonais et à droite, c'est un livre chinois.
3. M. Bourgeois est un professeur et il va souvent en Amérique. （souvent ＝ よく）

Exercice L4 - 9*　Volitif : MV + Ō / YŌ と思っています

Thème

1. Je compte aller en Italie avec des amis.（Italie = イタリア）
2. Comme cette voiture est peu sûre, je pense en acheter une neuve.
   （être peu sûr = だめになった）
3. Je pense étudier le chinois à partir de l'an prochain.
4. Je compte demander ce service à Madame Kobayashi.
   （demander un/ce service = お願いする/おねがいする）
5. Comme je compte faire la cuisine à la maison, je fais des courses puis je rentre.
   （comme = ～ので）

Quelques proverbes et dictons

諺／ことわざ

犬も歩けば棒に当たる

いぬもあるけばぼうにあたる

Qui ne risque rien n'a rien

(犬／いぬ＝chien, 歩く／あるく＝marcher, ici au conditionnel, 棒／ぼう＝bâton, 当たる／あたる＝ici : heurter)

犬猿の仲／けんえんのなか

S'entendre comme chien et chat

([Comme les] rapports entre chiens et singes)
(犬猿／けんえん＝chien et singe, 仲／なか＝relations)

猿も木から落ちる／さるもきからおちる

Il n'est si bon cheval qui ne bronche

(Il arrive même au singe de tomber de l'arbre)
(猿／さる＝singe, 木／き＝arbre, 落ちる／おちる＝tomber)

第五課　日記

（ジルさんの書いた文　その一）

中野に来てから五ヶ月になる。部屋を紹介してくれたのは大学の留学生課だった。

週末に出かけることが多い。友達に会ったり、映画を見に行ったりする。家にいる時はテレビを見たり、音楽を聴いたりする。友達が来ていっしょに料理を作ることもある。友達は日本料理を教えてくれて、私はフランス料理を教えてあげる。

この前、小林さんという友達が魚を買ってきて、「このたいをさしみにしましょう。良かったら作り方を教えてあげますよ。」と言って、さしみを作り始めた。私は小林さんが魚を切っているのを見ながらメモを取ったが、翌日になって一人でもう一度やってみたら失敗してしまった。

夜、小林さんから電話があって、次の土曜日に美術館にさそってくれた。上野駅で待合せをすることにした。しかし、上野駅には出口がたくさんあるので、ＪＲの北口の改札口を出たところで会うことにした。

第五課　日記

(ジルさんの書いた文　その一)

中野に来てから五ヶ月になる。部屋を紹介してくれたのは大学の留学生課だった。

週末に出かけることが多い。友達に会ったり、映画を見に行ったりする。家にいる時はテレビを見たり、音楽を聴いたりする。友達が来ていっしょに料理を作ることもある。友達は日本料理を教えてくれて、私はフランス料理を教えてあげる。

この前、小林さんという友達が魚を買ってきて、「このたいをさしみにしましょう。良かったら作り方を教えてあげますよ。」と言って、さしみを作り始めた。私は小林さんが魚を切っているのを見ながらメモを取ったが、翌日になって一人でもう一度やってみたら失敗してしまった。

夜、小林さんから電話があって、次の土曜日に美術館にさそってくれた。上野駅で待合せをすることにした。しかし、上野駅には出口がたくさんあるので、JRの北口の改札口を出たところで会うことにした。

Vocabulaire Leçon 5

abrév.	mot/expression	prononciation	sens
MN	日記	にっき	journal intime
MN	文	ぶん	phrase, proposition
MN	五ヶ月／五ヵ月	ごかげつ	cinq mois
MVIrr	紹介する	しょうかい•する	présenter
MV1	くれる		donner (à moi) : voir explications.
MVCo	～てくれる		faire quelque chose pour moi : voir explications.
MN	留学生課	りゅうがくせいか	service des étudiants étrangers
MN	週末	しゅうまつ	fin de semaine, week-end
MV1	出かける	で・かける	sortir de chez soi, aller (autre part)
MN	こと		fait, événement (et *mot-outil*)
Suf	～たり、～たりする		suffixe du fréquentatif / cumulatif
MN	映画	えいが	film (cinéma)
MN	家	いえ	maison
MN	テレビ		télévision
MN	音楽	おんがく	musique
MV5	聴く	き・く	écouter avec attention
MN	友達	ともだち	ami
MN	料理	りょうり	cuisine (plats)
MV5	作る	つく・る	construire, fabriquer, confectionner
MV1	教える	おし・える	enseigner
MV1	あげる		donner à autrui
MVCo	～てあげる		faire quelque chose pour autrui
MN	小林さん	こばやし・さん	nom propre
MN	魚	さかな	poisson
MN	たい		daurade
MN	さしみ		poisson cru (prêt à consommer)
Loc	良かったら	よ・かったら	conditionnel, « Si cela vous convient. »
MN	作り方	つく・り・かた	façon de construire / faire
MV5	言う	い・う	dire
MV1	始める	はじ・める	commencer
MVCo	作り始める	つく・り・はじ・める	commencer à confectionner

MV5	切る	き・る	couper
Suf	ながら		indice de la simultanéité d'action
MN	メモ		note ; cahier
MV5	取る	と・る	prendre
MN	翌日	よくじつ	jour suivant
Loc	もう一度	もう・いちど	à nouveau, de nouveau
MV5	やる		faire (langue non soutenue) ; donner à un égal ou un inférieur
MVCo	やってみる		faire à l'essai, “pour voir”
Suf	～たら		indice du conditionnel
MVIrr.	失敗する	しっぱい・する	subir un échec
MVCo	～てしまう		finir par (auxiliaire)
MN	夜	よる	soir, nuit
MN	電話	でんわ	téléphone, un coup de téléphone
MN	次	つぎ	prochain, suivant
MN	土曜日	どようび	samedi
MN	美術館	びじゅつかん	musée des beaux-arts
MV5	さそう		inviter, proposer
MN	上野	うえの	Ueno (nom propre)
MN	待合せ (待ち合わせ)	まちあわ・せ	rendez-vous
Conj	しかし		cependant, mais
MN	出口	でぐち	sortie, issue
MN	たくさん		beaucoup
Conj	ので		(combinaison de particules) comme, parce que
MN	ＪＲ	ジェイアール	société de chemins de fer japonais
MN	北口	きたぐち	sortie Nord
MN	改札口	かいさつぐち	accès aux quais, contrôle
MV1	出る	で・る	sortir
MN	ところ		lieu, endroit

Kanji du texte de base / Lectures *ON* et *kun* / Sens / Quelques composés

kanji	lectures	sens	composés
記	キ しる・す	annales	記入/きにゅう（inscription） 記念/きねん（commémoration） 記号/きごう（symbole）
文	ブン、モン ふみ	lettre, texte	文学/ぶんがく（littérature） 文明/ぶんめい（civilisation） 作文/さくぶん（rédaction）
紹	ショウ	présentation	自己紹介する/じこしょうかいする (se présenter [à quelqu'un])
介	カイ	coquille entremise	魚介/ぎょかい（poissons et coquillages）介在する/かいざいする (s'interposer）介入/かいにゅう (intervention, ingérence）
週	シュウ	semaine	一週間/いっしゅうかん (une semaine） 週刊誌/しゅうかんし (hebdomadaire）
末	マツ、バツ すえ	fin	月末/げつまつ（fin de mois） 年末/ねんまつ（fin d'année）
友	ユウ とも	ami	親友/しんゆう（ami intime） 友好/ゆうこう（amitié） 友情/ゆうじょう（camaraderie） 友人/ゆうじん（ami）
映	エイ うつ・す うつ・る は・える	copier, reproduire photographier miroiter	上映/じょうえい（projection [film]） 映画館/えいがかん（cinéma）
画	ガ、カク	trait, dessin	絵画/かいが（peinture） 画家/がか（peintre） 画数/かくすう (nombre de traits d'un kanji）
家	カ、ケ いえ、や	maison	家族/かぞく（famille） 家庭/かてい（foyer, famille） 作家/さっか（auteur）

音	オン、イン おと、ね	bruit, son	音楽/おんがく（musique）虫の音/むしのね（chant d'insectes）
楽	ガク、ラク たの・しい たの・しむ	agréable	娯楽/ごらく（divertissement） 楽器/がっき（instrument de musique）
聴	チョウ き・く	écouter avec attention	聴講生/ちょうこうせい（auditeur libre） 視聴率/しちょうりつ (pourcentage d'audience)
料	リョウ	matériaux prix, frais	入場料/にゅうじょうりょう (prix d'entrée) 通話料/つうわりょう (prix de la communication)
理	リ	raison	理論/りろん（théorie） 物理/ぶつり（physique）
作	サク、サ つく・る	confectionner	作品/さくひん（œuvre artistique） 動作/どうさ（mouvement, geste） 手作り/てづくり（fait à la main）
林	リン はやし	bois bosquet	林業/りんぎょう（sylviculture） 林道/りんどう（piste forestière） 植林/しょくりん（reboisement）
魚	ギョ うお、さかな	poisson	生魚/せいぎょ、なまざかな (poisson cru) 魚市場/うおいちば (marché aux poisson)
良	リョウ よ・い	bien, bon convenable	良好/りょうこう（bon, favorable） 最良/さいりょう（le meilleur） 良質/りょうしつ（bonne qualité） 不良/ふりょう（mauvais, délinquant）
言	ゲン、ゴン こと い・う	mot, dire	言語/げんご（langue） 発言/はつげん（parole, intervention） 言葉/ことば（mots, parole, langage）
始	シ はじ・める はじ・まる	commencer	開始/かいし (ouverture, commencement) 終始/しゅうし（du début à la fin）原始/げんし（primitif）
切	セツ、サイ き・る き・れる	couper	切符/きっぷ（ticket, billet） 一切/いっさい（entièrement） 一切れ/ひときれ（une tranche）

取	シュ と・る	prendre	取材/しゅざい（reportage） 取得/しゅとく（obtention） 取引/とりひき（transaction）
翌	ヨク	suivant	翌月/よくげつ（mois suivant） 翌年/よくねん、よくとし (année suivante)
敗	ハイ やぶ・れる	être défait, perdre	勝敗/しょうはい（victoire ou défaite, issue） 敗戦/はいせん（bataille perdue, défaite）
夜	ヤ よ、よる	nuit	夜中/よなか（minuit, au milieu de la nuit） 深夜/しんや（pleine nuit）
電	デン	électricité	電気/でんき（électricité） 電子/でんし（électron）
話	ワ はなし はな・す	conversation, parler	話題/わだい（thème de discussion） 会話/かいわ（conversation）
次	ジ、シ つぎ つ・ぐ	suivant	次回/じかい（prochaine fois） 目次/もくじ（table des matières） 次に/つぎに（ensuite, puis）
土	ド、ト つち	terre	領土/りょうど（territoire） 土地/とち（terrain, territoire） 土星/どせい（Saturne）
美	ビ うつく・しい	beauté, beau	美人/びじん（belle femme） 美点/びてん（qualité, mérite）
術	ジュツ	art technique, moyen	技術/ぎじゅつ（technique） 芸術/げいじゅつ（art）
館	カン	bâtiment	旅館/りょかん（auberge） 水族館/すいぞくかん（aquarium）
待	タイ ま・つ	attendre	待合室/まちあいしつ (salle d'attente) 期待/きたい (attente, espoir) 招待/しょうたい (invitation)

合	ゴウ、ガッ （カッ）、あ・う あ・わす あ・わせる	rencontrer fusion	合計/ごうけい（total） 合唱/がっしょう（chorale） 試合/しあい（match）
口	コウ、ク くち	bouche	口座/こうざ（compte [en banque]） 窓口/まどぐち（guichet） 口調/くちょう（ton, inflexion）
北	ホク きた	nord	北海道/ほっかいどう（Hokkaidō） 北半球/きたはんきゅう（hémisphère Nord） 北風/きたかぜ（vent du nord）
改	カイ あらた・める あらた・まる	transformation	改革/かいかく（réforme） 改善/かいぜん（amélioration） 改装/かいそう（rénovation）
札	サツ ふだ	monnaie de papier étiquette, carte	入札/にゅうさつ（soumission, offre） 札束/さつたば（liasse de billets） 千円札/せんえんさつ (billet de 1.000 yens)

****

Modèles de tracés de kanji 11 :
Lectures *ON* en katakana, lectures *KUN* en hiragana

sens ＼	lectures ＼	ordre des traits
発 **départ**	ハツ ホツ	
社 **sanctuaire** **société**	シャ やしろ	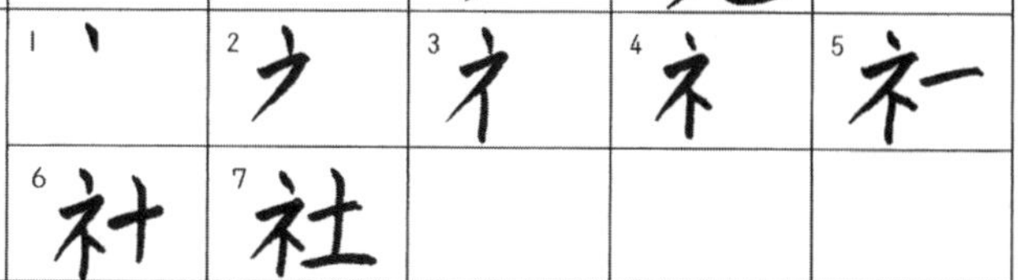
合 **rencontrer** **fusion**	ゴウ ／ ガッ <カッ> あ（う）／ あ（わす） あ（わせる）	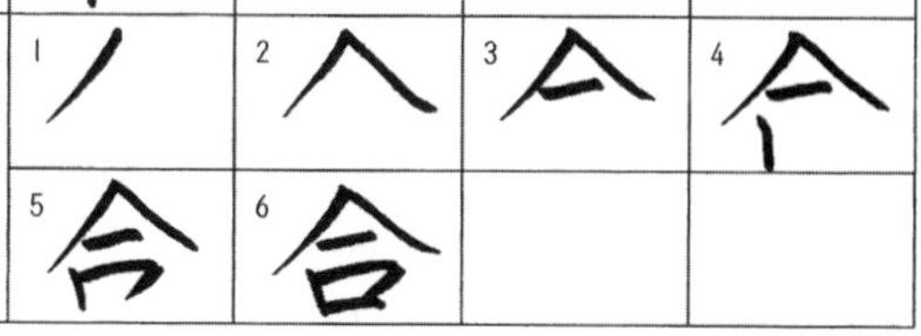

LEÇON 5 : Explications et commentaires

Style parlé et style écrit :

Dans la conversation, en fonction conclusive, les formes verbales vues jusqu'à présent (avec le suffixe -ます) et la copule (à la forme です) sont indispensables, car elles portent le niveau de langage de déférence.

A l'écrit (cas du journal, dont les lecteurs ne sont pas censés être connus des rédacteurs, ou cas du journal intime. N. B. : le cas du courrier est particulier), un autre style est utilisé : les formes verbales sont courtes (sans -ます) ; les MQ ne sont plus suivis de la copule. La copule par ailleurs prend la forme だ à l'atemporel ; au perfectif : だった ; au négatif atemporel : ではない（じゃない）; au négatif du perfectif : ではなかった (じゃなかった).

La Leçon 5 au plan du style appartient en totalité au style écrit, qui correspond également au style parlé familier.

Rappel : les débutants en langue japonaise auront intérêt à ne pas employer le style familier à l'oral, si ce n'est avec des amis de leur âge.

Marques du sujet dans la déterminante :

Le marqueur du sujet dans la déterminante est soit GA soit NO ; en aucune façon WA, qui sera le marqueur du sujet de la proposition principale.

田中さんがフランスに来た時、私は日本にいました。 :

Quand M./Mme. Tanaka est venu(e) en France, j'étais au Japon.

Quand, dans la déterminante, le sujet se trouve immédiatement avant le mot verbal, ce sujet peut être marqué par NO :

私が言ったこと ou bien 私の言ったこと : ce que j'ai dit.

C'est ce NO qui figure dans le sous-titre ジルさんの書いた文.

Le MV なる :

Ce MV5 qui, isolé, se traduit par "devenir", entre dans quantité d'expressions. Le résultat de la dynamique indiquée par ce mot verbal est marqué par l'enclitique に :

五ヶ月になる。 : Cela fait 5 mois. 春（はる）になった。 : Le printemps est là.

千円になる。 : Cela fait 1000 yens. 先生になる。 : Devenir professeur.

Déterminantes avec こと :

Le MN こと signifie "fait", "événement". Il entre dans de multiples structures d'emploi très fréquent. Il s'agit d'un "mot-outil" qui disparaît presque toujours à la traduction.

1/ Expression de l'expérience : MV en -た + ことがある

日本へ行ったことがありますか。est la façon la plus courante de demander :

« Êtes-vous déjà allé au Japon ? » (Mot-à-mot : Le fait d'être allé au Japon est-il ?)

Dans la réponse à l'affirmatif le MV あります reste tel quel ; au négatif ; il prend la forme ありません (soit : le fait de / que…….est / n'est pas) :

日本へ行ったことがありません。 : Je ne suis pas allé au Japon. (Mot-à-mot : Le fait d'être allé au Japon n'est pas.)

2/ Expression de l'expérience / habitude : MV atemporel + ことがある

日本へ行くことがありますか。 : Vous arrive-t-il d'aller au Japon ?
(Mot-à-mot : Le fait d'aller au Japon est-il ?)

3/ Expression : MV + こともある

Lorsqu'une autre action a lieu, par rapport à une précédente action, la particule も remplace la particule が après le mot-outil こと :

レストランへ行くこともある。 : Il m'arrive aussi d'aller au restaurant.

4/ Expression : MV + ことが多い

Lorsqu'une action se répète fréquemment, le MQ 多い sera utilisé :

レストランへ行くことが多い。 : Il m'arrive souvent d'aller au restaurant.

5/ Expression du choix : MV + ことにする

On sait que MN にする (exemple : コーヒーにする。 : Choisir de prendre du café.) sert à l'expression du choix. Avec le même mot verbal et la même enclitique précédée du mot-outil こと, lui même déterminé par un mot verbal, la même idée de choix est à l'œuvre :

日本へ行くことにした。 : J'ai décidé d'aller au Japon

6/ Expression de l'habitude : MV + ことにしている

Quand le MV する est au duratif, cette locution sert à exprimer l'habitude :

毎日新聞を読むことにしている。 : J'ai pour habitude de lire le journal tous les jours. (毎日/まいにち = tous les jours, 新聞/しんぶん = journal)

7/ Expression du choix impersonnel : MV + ことになる

Avec le MV なる au perfectif, l'action du MV qui détermine le mot-outil こと n'est pas l'objet d'un choix personnel mais celui de l'environnement :

日本へ行くことになった。 : Il a été décidé / Il est entendu que j'irai au Japon.

Le fréquentatif ou cumulatif :

Morphologie : au passé court (syllabe en た) ajouter la syllabe り. (Rappel : le passé court se forme en remplaçant par A la voyelle E de la forme en て.)
Syntaxe : généralement, au moins deux mots verbaux ayant revêtu cette forme, suivis de する en conclusif ou non.
Sens : indique que le sujet effectue alternativement les actions indiquées par les MV affectés de たり :

週末にはテレビを見たり友達と会ったりする／します。 :
Le week-end, soit je regarde la télé, soit je rencontre des amis.

Déterminante circonstancielle de temps avec TOKI :
MV 時（とき）（に／は／には／X）+ principale

イギリスへ行く時にはかさを持って行きます。 :
Quand je vais en Angleterre, j'emporte un parapluie.
ロンドンについた時は雨でした。 : Quand je suis arrivé à Londres, il pleuvait.

N. B. : avec 時, le MV de la déterminante peut être à l'atemporel ou au perfectif.
Quatre cas se présentent quant à l'enclitique : に quand l'indication de temps qui précède est entendue ponctuellement ; は quand cette indication peut être thématisée ; には quand l'indication de temps est relativisée ; enfin, notamment dans la conversation, 時 peut figurer sans aucune enclitique (cas signalé par **X**).

くれる／あげる : *donner* en japonais

Attention : selon que le locuteur, ou quelqu'un de son groupe, est bénéficiaire ou non de l'action, le mot verbal change.

くれる implique que le locuteur reçoit. あげる implique que le locuteur donne.
父が時計をくれた。 : Mon père m'a donné une montre. (時計/とけい = montre)
父に時計をあげた。 : J'ai donné une montre à mon père.

Par ailleurs, ces deux mots verbaux interviennent comme *auxiliaires* après d'autres mots verbaux à la forme en TE :

Un premier MV à la forme en て suivi du MV1 くれる signale que l'action est faite par un tiers au bénéfice du locuteur.
鈴木さんは日本語を教えてくれました。 : M./Mme Suzuki m'a enseigné le japonais.

A l'inverse, un premier MV à la forme en て suivi du MV1 あげる signale que l'action est faite par le locuteur au bénéfice d'un tiers.
大平さんにフランス語を教えてあげます。 : J'enseigne le Français à M./ Mme Ōhira.

N. B. : d'autres mots verbaux remplacent くれる dans la même structure, pour marquer plus de déférence envers la personne dont l'action bénéficie au locuteur. くれる s'utilise pour une action dont les protagonistes, en langue française, se tutoieraient :
教えてくれる？ : Tu peux m'enseigner ?
(A différencier de : 教えて下さいませんか？ : Ne pourriez-vous pas m'enseigner ?)

MV en て＋いく／くる :

Après un premier mot verbal à la forme en TE, le MV5 いく indique que l'action est sur le point de se faire ; à l'inverse, avec le MV Irr. くる au passé, le composé verbal indique que l'action vient de se faire. (N. B. : il existe par ailleurs, des structures autres, plus explicites, pour le passé récent et le futur proche.)
このおみやげを買っていきます。 : J'achète ce cadeau et j'y vais.
小林先生に会ってきました。 : J'ai rencontré le Professeur Kobayashi.

N. B. : à l'atemporel, le MV くる peut vouloir dire que l'action du premier mot verbal est accomplie juste avant de revenir : 外（そと）を見てきます。 : Je vais voir dehors et je reviens.
Autre exemple, le salut prononcé par la personne qui quitte les lieux quelques temps :
行ってきます。 : J'y vais. / A bientôt ! / A ce soir !

MN(1) を MN(2) にする :

Cette expression signale que l'on fait du MN1 le MN2 :
このたいをさしみにする。 : Je vais faire cette daurade en sashimi.

Le conditionnel en たら :

Plusieurs tournures servent à rendre notre conditionnel.

Est examiné ici le cas du suffixe たら qui exprime surtout la condition préalable.

Morphologie : à la syllabe た du passé court, ajouter ら. Ce suffixe s'utilise également avec les MQ :

MQ : 安い : bon marché → 安かったら : si c'est bon marché
MV1 : 食べる : manger → 食べたら : si tu mangeais
MV5 : ない(de ある) : il n'y a pas → なかったら : s'il n'y en a pas

たら exprime une condition dont la réalisation n'est pas hypothétique, et peut donc se traduire également par « quand » :

パリに行ったら、電話を下さい。 : Quand vous irez à Paris, téléphonez moi.
パソコンがなかったら仕事ができません。 : Sans PC, je ne peux pas travailler.

A noter : la forme irrégulière du MQ いい lorsqu'il prend ce suffixe : よかったら = si cela vous convient / si ça te va.

Le suffixe たら se joint au MV みる fonctionnant comme auxiliaire (« faire à l'essai ») après un premier mot verbal à la forme en て:

聞いてみたら : Et si tu demandais ? やってみたら : Et si tu essayais ?

A noter également que たら se combine aux deux formes de la copule, です et だ pour donner でしたら et だったら.

と de citation :

Ce と de citation est celui de la locution という utilisée entre deux nominaux, le premier explicitant le second.

Après une citation ou une réflexion et avant un mot verbal impliquant l'usage de la parole (dire/demander/répondre) ou de l'écrit ou signalant une intention ou une considération (penser), la particule と est dite de citation.

彼は「林です」と言いました。 : Il a dit : « Je suis M. Hayashi » (彼/ かれ = il)
「ピエールさんですか」と先生は私に聞きました。 :
Le professeur m'a demandé : « Êtes-vous Pierre ? »
そうだと思います。 : Je pense que c'est cela.

Nominalisation du syntagme verbal avec の :

Après une forme verbale (neutre/courte), la particule の a pour effet de nominaliser ; elle se traduit par « le fait de… » ou, selon, « ce que… » ou encore « la personne qui, » etc… :

小林さんが魚を切っているのを見ていました。 :
Je regardais Mme/M. Kobayashi découper le poisson.

Ici, の nominalise et を intègre le groupe qui précède par rapport au mot verbal qui suit. (Notez que lorsqu'il y a deux sujets de deux verbes différents le sujet du verbe nominalisé doit être marqué par GA. Le sujet « je » de 見る est ici sous entendu.)

Si le sujet du MV principal est exprimé, il doit être marqué par は.

田中さんは先生がフランス語を書いているのを見ていました。 :
M. Tanaka regardait le professeur écrire en français.

Autres exemples :

日本へ行くのははじめてです。 : C'est la première fois que je vais au Japon.
あそこに見えるのは教会です。 : Ce que l'on voit là-bas, c'est une église.
日本に行くのはいつですか。 : Quand est-ce que vous allez au Japon ?
パリに行くのはだれですか。 : Qui est-ce qui va à Paris ?

Comme on le voit, la nominalisation est une structure simple qui est, de plus, d'emploi très fréquent. Elle doit retenir votre attention à ce double titre.

Simultanéité d'actions : le suffixe ながら

Le sujet restant le même, le suffixe ながら s'ajoute à la racine du MV1 ou à la base en i du MV5 pour exprimer la simultanéité d'actions :

テレビを見ながら食事をします。 : Je prends mes repas en regardant la télévision.

MV en て+ みる :

Cette tournure s'utilise pour ce qui est fait à l'essai, « pour voir ».

先生に聞いてみます。 : Je vais demander pour voir au professeur.
先生に聞いてみてください。 : Demandez pour voir au professeur.

Dans la langue non soutenue, le MV5 やる remplace souvent する. D'où :

やってみたが失敗してしまった。 : J'ai bien essayé mais ça s'est terminé par un échec.

(Compte tenu du niveau de langue impliqué par やる une telle phrase verra souvent les autres formes verbales dépourvues de ---ます : やってみたが失敗に終わった.)

MV en て+ しまう :

Un premier mot verbal à la forme en TE suivi de しまう au perfectif indique que l'action a fini par se faire, souvent de façon involontaire (aspect détrimental).

時計をなくしてしまった。 : J'ai fini par perdre ma montre. (なくす = perdre)

N. B. : en langue parlée non soutenue, cette combinaison donne lieu à des contractions :

時計をなくしちゃった。ou encore 犬が死んじゃった。(死ぬ/ しぬ = mourir)

Conjonction ので :

Après un MQ ou un MV (atemporel ou perfectif, forme en ます ou non, selon le style), ので exprime la cause. Cette conjonction s'apparente ainsi à から en même position, mais s'utilise plus pour exposer une situation particulière ou une convenance personnelle. Cette conjonction se traduira donc le plus souvent par « comme » :

安かったので買いました。 : Comme c'était bon marché, je l'ai acheté.
疲れているので、行きません。 : Comme je suis fatigué, je n'y vais pas.
(疲れる/ つかれる = être fatigué) (dans cette phrase, いる peut prendre la forme います)

N. B. : après un QI ou un MN, ので est précédé de la particule な:

簡単なのですぐできます。 : Comme c'est facile, c'est possible tout de suite.
一年生なのでまだ日本語ができません。 : Comme c'est un élève de 1ère année, il ne parle pas encore japonais.
(一年生/ いちねんせい = [étudiant de] première année)

L5　練習問題 / れんしゅうもんだい/ **Exercices L5**

Exercice L5 - 1*

Transformez les phrases suivant l'exemple (insertion d'une déterminante) .

例：父がこの車を買ってくれました。/ Mon père m'a acheté cette voiture.
→これは父が買ってくれた車です。/ C'est la voiture que m'a achetée mon père.

1. 母がこの服を作ってくれました。(服/ふく = vêtement)
→これは…
2. 兄がこの辞書を買ってくれました。(兄/あに = frère aîné)
→これは…
3. 姉がこの写真を送ってくれました。(姉/あね = sœur aînée)
→これは…
4. 友達がこのＣＤを貸してくれました。(ＣＤ/シーディー, 貸す/かす = prêter)
→これは…

Exercice L5 - 2*　Thème avec MV en て + あげる

1. Si cela vous convient, je vous enseigne la façon de confectionner.
2. Si cela vous convient, je vous prête ces CD.
3. Si cela vous convient, je l'écris pour vous.
4. Si cela vous convient, je prends la photo (pour vous).

Exercice L5 - 3*　Thème avec nominalisation suivie de は

1. Ce que j'étudie actuellement, c'est le japonais.
2. Ce que je regarde maintenant, c'est les nouvelles. (ニュース = nouvelles)
3. Parler c'est facile, mais écrire c'est difficile.
4. Celle qui a répondu, c'est Sophie. (答える/こたえる = répondre)
5. Celui qui a réalisé ce film, c'est M.Tanaka.

Exercice L5 - 4*　Thème avec nominalisation suivie de を

1. J'ai regardé M.Nakata faire la cuisine.
2. J'ai écouté Hanako chanter. (chanter = 歌う/うたう)
3. J'ai écouté Pierre parler japonais.
4. J'ai attendu que mon frère cadet vienne.
(attendre = 待つ/まつ, frère cadet = 弟/おとうと)
5. J'ai attendu qu'il soit cinq heures.

Exercice L5 - 5 Thème avec MV ことがある

1. Il m'arrive de sortir avec des amis.
2. Il m'arrive de travailler à la bibliothèque.
3. Il m'arrive d'aller à Paris.
4. Il arrive à ma mère de faire de la cuisine française.
5. Il arrive à mon frère cadet de boire trop.

Exercice L5 - 6 Thème avec MV こともある

1. Il m'arrive aussi de rester à la maison toute la journée.
   (toute la journée = 一日中/いちにちじゅう)
2. Il m'arrive aussi d'aller voir un film avec mon frère cadet.
3. Il arrive aussi à ma mère de ne pas être à la maison.
   (ne pas être à la maison = うちにいない)
4. Il arrive aussi à mon père de fumer. (fumer = たばこをすう)
5. Il arrive aussi que je me trompe. (se tromper = まちがえる MV1, まちがう MV5)

Exercice L5 - 7 Thème avec MV ことが多い

1. Il m'arrive souvent de téléphoner au Japon.
2. Il m'arrive souvent de lire des ouvrages anglais.
3. Il arrive souvent à mon père de rentrer à 11 heures.
4. Il arrive souvent à ma soeur cadette de pleurer.
   (soeur cadette = 妹/いもうと, pleurer = 泣く/なく)
5. Il arrive souvent que je ne mange rien le matin. (ne ... rien = なにも～MV au négatif)

Exercice L5 - 8* Thème avec MV ことにする

1. J'ai décidé d'aller au Japon.
2. J'ai décidé d'acheter une voiture neuve.
3. J'ai décidé de ne plus rencontrer Monique.
4. J'ai décidé de ne plus fumer.
5. J'ai décidé de demander au professeur.

Exercice L5 - 9 Thème avec MV en TE みてください

1. Essayez pour voir ! 〔やる MV5〕
2. Mangez pour voir !
3. Ecrivez pour voir votre nom en katakana. (nom = 名前/なまえ)
4. Faites le seul pour voir ! (seul = 一人で/ひとりで) 〔やる MV5〕
5. Téléphonez pour voir !

Exercice L5 - 10 Thème avec mot variable en たら

1. Si cela vous dit, allons-y ensemble !
2. Si j'ai le temps, j'irai avec vous.
3. Si vous n'avez pas le temps de venir, téléphonez !
4. Si cela vous dit, je vous le prête.
5. Si c'est cher, je n'achète pas.
6. J'ai mangé pour voir, c'était bon.

Exercice L5 - 11 Thème avec MV en ながら

1. Je regarde la télévision tout en mangeant.
2. Je mange tout en regardant la télévision.
3. J'étudie tout en écoutant la radio. (radio = ラジオ)
4. Parlons tout en buvant du thé ! (thé = お茶/おちゃ)
5. J'étudie tout en faisant un petit boulot. (petit boulot = アルバイト)

Exercice L5 - 12 Version avec MV en TE しまう

1. 父がくれた時計をなくしてしまいました。(なくす = perdre)
2. この漢字の読み方を忘れてしまいました。(忘れる/わすれる = oublier)
3. 携帯電話を壊してしまいました。(壊す/こわす = casser)
4. どこかで財布を落としてしまいました。
   (どこか = quelque part, 財布/さいふ = portefeuille, 落とす/おとす = laisser tomber)
5. 大変なことを言ってしまいました。(大変/たいへん = grave, terrible)
6. 冷蔵庫にあったビールは全部飲んでしまいました。
   (冷蔵庫/れいぞうこ = réfrigérateur)
7. 先生はもう帰ってしまいました。

第六課　体の調子が悪くて

（ジルさんの書いた文　その二）

今日は土曜日で、小林さんは美術館にさそってくれたが、風邪を引いているので行かないことにした。

家にいる間に、洗濯も掃除もしようと思っていたが、やはり体の調子が良くなかったので、横になってテレビを見ることにした。面白い番組があるかどうか新聞で調べている時に玄関のベルが鳴った。

（玄関で）

ジル　「どちらさまですか。」

大森　「となりの大森です。これ、大したものじゃありませんが、知り合いからたくさんもらったので、良かったらどうぞ。」

ジル　「いただいてもいいのですか。いつもすみません。」

大森　「ジルさん、今日は出かけないんですか。」

ジル　「そうなんです。風邪を引いてしまったので、今日は一日家にいることにしたんです。」

大森　「風邪ですか。それはいけませんね。ひどくなる前に、早くお医者さんに行った方がいいと思いますよ。お薬は飲みましたか。」

ジル　「いいえ、まだです。この薬が風邪に効くかどうか分からないのでまよっていたところなんです。」

大森　「家にいいのがありますから、持って来てあげましょうか。」

ジル　「お願い出来ますか。」

大森　「じゃ、この青いのを一日三回、一つずつごはんを食べた後、すぐに飲んで下さい。」

ジル　「では、この赤いのはいつ飲めばいいのですか。」

大森　「それは夜、寝る前に一つ飲んで下さい。今夜は、お風呂には入らない方がいいですよ。」

ジル　「どうもありがとうございました。いつもお世話になってすみません。」

大森　「じゃ、お大事に。」

第六課　体の調子が悪くて

（ジルさんの書いた文　その二）

今日は土曜日で、小林さんは美術館にさそってくれたが、風邪を引いているので行かないことにした。

家にいる間に、洗濯も掃除もしようと思っていたが、やはり体の調子が良くなかったので、横になってテレビを見ることにした。面白い番組があるかどうか新聞で調べている時に玄関のベルが鳴った。

（玄関で）

ジル　「どちらさまですか。」

大森「となりの大森です。これ、大したものじゃありませんが、知り合いからたくさんもらったので、良かったらどうぞ。」

ジル　「いただいてもいいのですか。いつもすみません。」

大森　「ジルさん、今日は出かけないんですか。」

ジル　「そうなんです。風邪を引いてしまったので、今日は一日家にいることにしたんです。」

大森　「風邪ですか。それはいけませんね。ひどくなる前に、早くお医者さんに行った方がいいと思いますよ。お薬は飲みましたか。」

ジル　「いいえ、まだです。この薬が風邪に効くかどうか分からないのでまよっていたところなんです。」

大森　「家にいいのがありますから、持って来てあげましょうか。」

ジル　「お願い出来ますか。」

大森　「じゃ、この青いのを一日三回、一つずつごはんを食べた後、すぐに飲んで下さい。」

ジル　「では、この赤いのはいつ飲めばいいのですか。」

大森　「それは夜、寝る前に一つ飲んで下さい。今夜は、お風呂には入らない方がいいですよ。」

ジル　「どうもありがとうございました。いつもお世話になってすみません。」

大森　「じゃ、お大事に。」

Vocabulaire Leçon 6

abrév.	mot/expression	prononciation	sens
MN	体	からだ	corps
MN	調子	ちょうし	ton, mesure (avec MQ いい : aller bien)
MQ	悪い	わる・い	mal, mauvais (avec 調子 : aller mal)
MN	風邪	かぜ	grippe, rhume
Loc	風邪を引く	かぜ・をひ・く	attraper la grippe/un rhume
MN	間	あいだ	intervalle / *mot-outil* pour "pendant que"
MN	洗濯	せんたく	lessive, lavage
MN	掃除	そうじ	ménage, nettoyage
K	やはり / やっぱり		"bien" dans « C'est bien ce que je pensais. »
MN	横	よこ	côté
Loc	横になる	よこ・になる	s'allonger
MQ	面白い	おもしろ・い	intéressant, amusant
MN	番組	ばんぐみ	programme (radio, télévision)
Suf	～かどうか		"si … ou non"
MN	新聞	しんぶん	journal
MV1	調べる	しら・べる	vérifier
MN	玄関	げんかん	entrée
MN	ベル		sonnerie
MV5	鳴る	な・る	sonner, retentir
Loc	どちらさまですか		« Qui êtes-vous, s'il vous plaît ? »
MN	となり		voisin
MN	大森	おおもり	nom propre
Loc	大した	たい・した	important
MN	知り合い	し・り・あ・い	connaissance (personne)
MV5	もらう		recevoir
MV5	いただく		recevoir (déférent)
A	いつも		toujours
Loc	そうなんです		« C'est bien cela. » (insistance)
MN	一日	いちにち	un jour / toute la journée
Loc	いけません		« Ça ne va pas. / C'est un problème. »

MQ	ひどい		affreux
MQ	早い	はや・い	tôt, (vite)
MN	（お）医者（さん）	いしゃ	médecin
MN	方	ほう	côté, direction ; ici, après MV, *mot-outil* (expression de la recommandation)
MN	（お）薬	くすり	médicament
MV5	飲む	の・む	boire, avaler
A	まだ		pas encore
MV5	効く	き・く	avoir de l'efficacité
MV5	まよう		hésiter, "être perdu", ne pas savoir quoi faire
MN	ところ		lieu ; *mot-outil*
MVCo	持って来る	も・って・く・る	apporter
Loc	お願い出来ますか	お・ねが・い・でき・ますか	« Puis-je vous demander ce service ? »
MQ	青い	あお・い	bleu
MN	三回	さんかい	trois fois
San	ずつ		(un) par (un) ; (deux) par (deux)
MN	ごはん		riz cuit, repas
MV1	食べる	た・べる	manger
MN	後	あと	*mot-outil* : après
A	すぐ		aussitôt
MQ	赤い	あか・い	rouge
MV1	寝る	ね・る	se coucher
MN	今夜	こんや	ce soir, cette nuit
MN	（お）風呂	ふろ	bain japonais
MV5	入る	はい・る	entrer
A	どうも		*renforce l'expression qui suit*, ici « Merci infiniment ! »
Loc	お世話になる	お・せわ・に なる	être redevable d'un service
Loc	お大事に	お・だいじ・に	« Prenez soin de vous ! »

Kanji du texte de base / Lectures *ON* et *kun* / Sens / Quelques composés

kanji	lectures	sens	composés
体	タイ、テイ からだ	corps	体格/たいかく（apparence physique） 体重/たいじゅう（poids du corps）
調	チョウ しら・べる ととの・う／える	vérifier	調和/ちょうわ（harmonie, accord） 調査/ちょうさ（enquête） 調達/ちょうたつ（approvisionnement）
子	シ、ス こ	enfant	親子/おやこ（parents et enfants） 少子化/しょうしか（tendance à la dénatalité）
悪	アク、オ わる・い	mauvais, néfaste	最悪/さいあく（le pire, au pire） 悪口/わるぐち（médisance） 悪性/あくせい (pernicieux, malignité）
風	フウ（フ） かぜ（かざ）	vent	風景/ふうけい（paysage） 家風/かふう（tradition de famille） 風俗/ふうぞく（mœurs）
邪	ジャ	mal, vice méchanceté	邪道/じゃどう（mauvaise voie, vice） 邪魔/じゃま（gêne）
引	イン ひ・く ひ・ける	tirer	引力/いんりょく（force d'attraction） 引き出し/ひきだし（tiroir）
間	カン、ケン あいだ、ま	intervalle, entre	空間/くうかん（espace） 世間/せけん（le monde, les gens）
洗	セン あら・う	laver	洗剤/せんざい（détergent） 洗面所/せんめんじょ（cabinet de toilette）（お）手洗い/てあらい（WC）
濯	タク	laver, rincer	洗濯物/せんたくもの（linge à laver） 洗濯機/せんたくき (machine à laver）
掃	ソウ は・く	balayer	掃除機/そうじき（aspirateur） 一掃/いっそう (coup de balai, table rase）

除	ジョ（ジ） のぞ・く	écarter, supprimer excepter	免除/めんじょ（exemption） 取り除く/とりのぞく（enlever, excepter）解除/かいじょ（résiliation）
横	オウ よこ	côté	横領/おうりょう（détournement [de fonds]）横断/おうだん（traversée） 横顔/よこがお（profil）
面	メン おもて、つら	face, plan masque	面会/めんかい（entrevue） 面倒/めんどう（difficulté） 面影/おもかげ（ombre, image）
白	ハク（ビャク） しろ（しら） しろ・い	blanc	白書/はくしょ（livre blanc） 明白/めいはく（clair, évident） 告白/こくはく（aveu, confession）
組	ソ くみ く・む	grouper	組織/そしき（organisation） 組合/くみあい（syndicat） 組立てる/くみたてる（assembler）
聞	ブン、モン き・く き・こえる	écouter, entendre	聞き手/ききて（auditeur） 見聞/けんぶん （connaissances, expérience）
玄	ゲン	obscurité, mystère	玄米/げんまい（riz non décortiqué） 玄人/くろうと（expert, spécialiste）
関	カン せき	douane, rapport	関係/かんけい（rapport, relation） 関節/かんせつ（articulation） 税関/ぜいかん（douane）
鳴	メイ な・く な・る／らす	tinter, sonner	共鳴/きょうめい（résonance, sympathie）海鳴り/うみなり（bruit / mugissement de la mer）
森	シン もり	forêt	森林/しんりん（forêts）
知	チ し・る	savoir	知識/ちしき（connaissance, savoir） 通知/つうち（avis, annonce） 知人/ちじん（connaissance, ami）
早	ソウ、サッ はや・い はや・まる／める	tôt, rapide (se) hâter	早口/はやくち（[parler] vite） 早急に/そうきゅうに、さっきゅうに（rapidement, en urgence）

医	イ	médecine	医学/いがく (médecine) 医院/いいん (clinique)
者	シャ もの	personne	若者/わかもの (jeunes) 新聞記者/しんぶんきしゃ (journaliste)
薬	ヤク くすり	médicament	薬局/やっきょく (pharmacie) 麻薬/まやく (drogue)
飲	イン の・む	boire	飲食/いんしょく (le boire et le manger) 飲料水/いんりょうすい ou 飲み水/のみみず (eau potable)
効	コウ き・く	produire de l'effet	効力/こうりょく (effet, efficacité, validité) 有効/ゆうこう (validité) 時効/じこう(prescription [en Droit])
願	ガン ねが・う	vœu, souhaiter	お願い/おねがい (souhait, demande) 願書/がんしょ (demande écrite)
青	セイ、ショウ あお、あお・い	bleu	青年/せいねん (jeune) 青春/せいしゅん (jeunesse) 青空/あおぞら (ciel bleu)
回	カイ、エ まわ・る まわ・す	fois, répétition tourner faire tourner	次回/じかい (prochaine fois) 回り道/まわりみち (détour)
食	ショク、ジキ た・べる く・う/らう	manger	食欲/しょくよく (appétit) 食事/しょくじ (repas) 食品/しょくひん (nourriture)
後	ゴ、コウ おく・れる、のち うしろ、あと	arrière, après ensuite être en retard	午後/ごご (après-midi) 後世/こうせい (postérité)
赤	セキ (シャク) あか、あか・い あか・らむ あか・らめる	rouge	赤字/あかじ (déficit, perte) 赤十字/せきじゅうじ (Croix Rouge) 赤道/せきどう (équateur)
寝	シン ね・る ね・かす	se coucher coucher	寝室/しんしつ (chambre à coucher) 寝具/しんぐ (literie) 昼寝/ひるね (sieste)

呂	リョ、ロ	colonne vertébrale	風呂敷/ふろしき（carré de tissu servant à transporter des objets）
入	ニュウ はい・る い・る、い・れる	entrer mettre dedans	入学/にゅうがく（rentrée [école]） 収入/しゅうにゅう（revenus）
世	セ、セイ よ	monde	世紀/せいき（siècle） 世界/せかい（le monde） 浮世絵/うきよえ（ukiyoe, estampe）

****

Modèles de tracés de kanji 12 :
Lectures *ON* en katakana, lectures *KUN* en hiragana

sens	lectures	ordre des traits
子 **enfant**	シ / ス こ	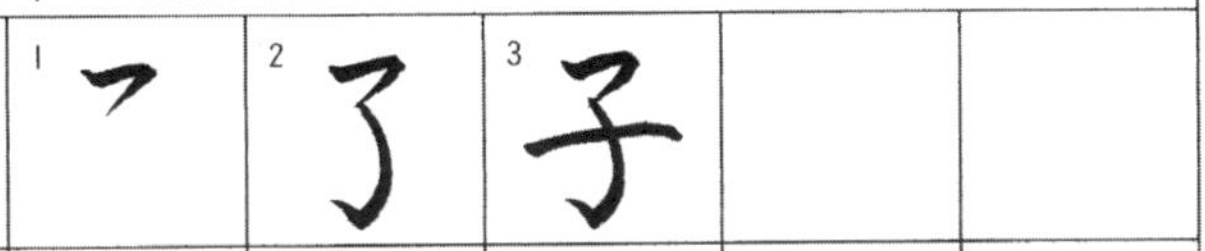
後 **arrière** **après**	ゴ / コウ のち /うし(ろ) あと おく(れる)	
手 **main**	シュ て / 〈た〉	
的 **cible**	テキ まと	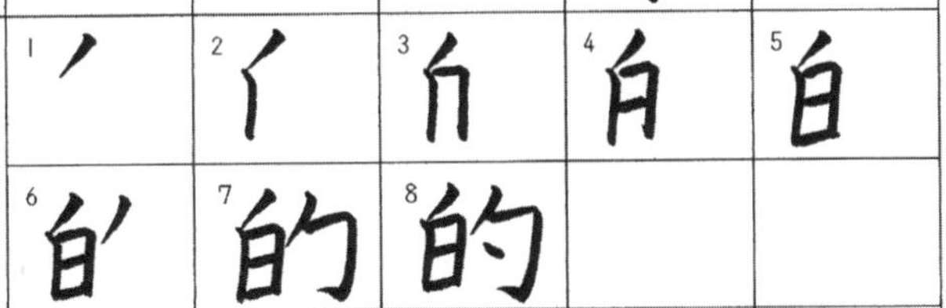
部 **partie**	ブ	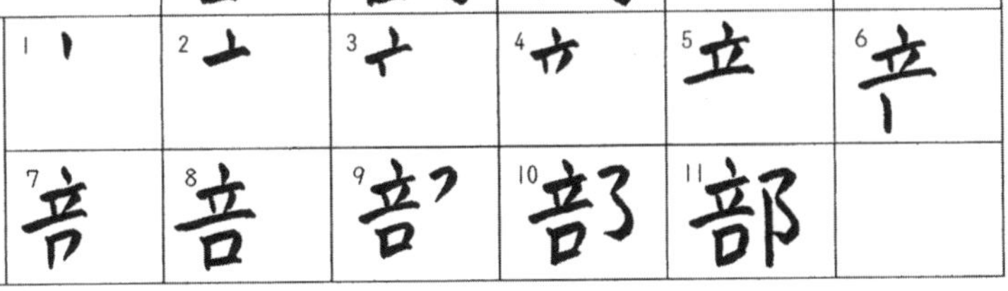

LEÇON 6 : Explications et commentaires

Suspensif-connectif avec ellipse :

A l'écrit comme à l'oral, le suspensif-connectif, contrairement à la règle de base, peut terminer une phrase en laissant la conclusion non exprimée. Ce suspensif-connectif a alors valeur de cause. On le trouve dans le titre de la Leçon. Autre exemple :

今時間がなくて･･･。 : Maintenant, je n'ai pas le temps...

Déterminante circonstancielle de temps avec 間 *aida* :

Le mot AIDA désigne un intervalle dans l'espace ou dans le temps. Au sens spatial :

その家はコンビニと本屋の間にあります。 :
Cette maison se trouve entre une supérette et une librairie.
(コンビニ = supérette, du mot anglais *convenience store*, 屋 / や = suffixe pour les magasins)

AIDA, mot-outil venant après la déterminante circonstancielle de temps, peut prendre un sujet différent de celui de la principale. Rappel : le sujet de la déterminante est marqué par GA.
Comparez les phrases qui suivent.

日本にいる間に、京都に行きたいと思います。 :
Pendant que je serai au Japon, je voudrais aller à Kyōto.
私がテレビを見ている間、母は掃除していました。 :
Pendant que je regardais la télévision, ma mère faisait le ménage.

N. B. : au plan de la concordance des temps à respecter avec AIDA, le MV qui précède est soit à l'atemporel, soit au perfectif, lequel est le plus souvent au duratif.
間 peut être suivi de に, は, には ou utilisé sans particule - même emploi des particules qu'avec le mot-outil 時 (voir Leçon 5).

Le suffixe かどうか :

Après un groupe complet, ce suffixe introduit la nuance « si … ou non ».

今夜レストランへ行くかどうか分かりません。 :
Je ne sais pas si je vais ou non au restaurant ce soir.
面白い本があるかどうか（を）聞いてみます。 :
Je vais demander s'il y a un livre intéressant.

N. B. : 分かりません peut signifier "ne pas comprendre" ou "ne pas savoir".

Les MV5 もらう *morau* et いただく *itadaku* : *recevoir* en japonais

Ces deux MV signalent que l'on est redevable à quelqu'un de quelque chose. Ils forment une paire parallèle à KURERU et KUDASARU, *mais leur syntaxe diffère* : si nécessaire, le bénéfacteur est marqué par NI, éventuellement par KARA (*et non pas par GA*). (KUDASARU et ITADAKU servent à marquer plus de déférence vis-à-vis du bénéfacteur.)

父にもらった時計 : La montre que mon père m'a donnée
先生にいただいた本 : Le livre que le professeur m'a donné

Ces deux MV sont également utilisés après un premier MV à la forme en TE, comme auxiliaires :

父に買ってもらった時計　: La montre que mon père m'a achetée
先生に書いていただいた手紙　: La lettre que le professeur a écrite pour moi

Style présentatif et style assertif :

Après un mot verbal à la forme courte en fin de phrase, la présence de のです relève du style dit présentatif, déjà évoqué à la Leçon 3 au sujet du désidératif.

行くのです présente de manière plus explicative le fait que je vais faire un déplacement que 行きます ; cette dernière forme relève du style dit assertif. Dans un échange de propos explicatifs, le style présentatif sera donc de mise, y-compris à l'interrogatif (cf. Col. 13 et 15 - ici ce の, contracté, devient la nasale ん).
Ce の peut se rencontrer également après un MQ et avant la copule.

Présentatif insistant :

Après un MN ou QI et avant la copule, なの ou なん introduit l'idée d'insistance :

私の車なのです。　: Ça, c'est ma voiture.
とてもきれいなんです。　: C'est très joli, vraiment.

On trouve aussi : そうなんです。 : C'est bien cela.

Déterminante circonstancielle de temps avec 前 *mae* :

Le mot MAE désigne un espace se trouvant devant quelque chose ou soi-même ou un moment/une durée antérieur(e) à un(e) autre.

Dans la circonstancielle de temps avec MAE, le MV reste toujours à l'atemporel. Il n'y a donc pas de concordance des temps. Les particules susceptibles de suivre le mot-outil 前 sont に, は, には. (Cf. le mot-outil *toki*, Leçon 5.)

日本へ行く前は、日本語は分かりませんでした。 :
Avant d'aller au Japon, je ne comprenais pas la langue japonaise.
買い物をする前に、これを読みます。 :
Avant de faire les courses, je lis ceci.

Expression de la recommandation :

L'expression de la recommandation passe par l'emploi du mot-outil 方（ほう）précédé d'un MV en déterminant au passé court ou au négatif court, et suivi de がいいです.

早く行った方がいいですよ。　: Tu ferais bien de te dépêcher.
もう行かない方がいいですよ。　: Tu ferais bien de ne plus y aller.
(もう + MV au négatif = ne…plus)

L'impératif au négatif :

Le texte de la Leçon n'en comporte pas, mais il est bon ici de retenir la structure. Le MV prend le négatif court ない + で + 下さい.

行かないで下さい。　: N'y allez pas !
それを食べないで下さい。　: Ne mangez pas cela !

Le mot-outil ところ :

Le MN ところ, qui désigne au départ un lieu, en est venu à désigner un point sur l'axe du temps. Après un MV au perfectif, il sert à exprimer le passé récent ; après un MV à l'atemporel, le futur proche.

花子さんは出たところです。 : Hanako vient de sortir.
もう出るところです。 : Je suis déjà sur le point de sortir.

Déterminante circonstancielle de temps avec 後 *ato* :

Le caractère 後 seul se prononce *ATO* (parfois *NOCHI*) pour désigner une période postérieure à une autre. (Pour localiser *l'arrière*, il faut écrire 後ろ et prononcer *USHIRO*.)

後 est précédé d'un MV en déterminant au passé court :

上海へ行った後、東京に行きます。 :
Après être allé à Shanghai, je vais à Tōkyō. (上海/ シャンハイ = Shanghai)

Les particules utilisables après 後 sont で(marqueur ponctuel), は, では.

Conditionnel en ば :

Morphologie du MV

MV1 : à la racine du verbe, ajouter れば :
見る→見れば、寝る→寝れば、食べる→食べれば
MV5 : à la base en E, ajouter ば :
行く→行けば、会う→会えば、読む→読めば
Irréguliers : する→すれば、来る→来れば（くれば）

Morphologie du MQ

La syllabe い est remplacée par ければ :
安い→安ければ、寒い→寒ければ
Attention : 良い（いい）→良ければ（よければ）

Utilisation

Alors que le conditionnel en たら exprime une condition que l'on estime aisément réalisable, (et se traduit alors par *quand*) le conditionnel en ば, marque toujours l'hypothèse, dont il n'est pas dit qu'elle se réalise.

Le mot もし (*si*) n'intervient, en début de phrase, qu'en renfort du conditionnel à titre exceptionnel. もしも ajoute au caractère hypothétique (proche de "si, par extraordinaire").

Exemples :

高ければ買いません。 : Si c'est cher, je n'achète pas.
日本の新聞がなければアメリカの新聞を買います。 :
S'il n'y a pas de journal japonais, j'achèterai un journal américain.
毎日良く寝れば風邪は引かないと思います。 :
Si vous dormez bien tous les jours, je pense que vous n'attraperez pas la grippe.
今日この手紙を送れば明日にはパリに着くでしょう。 :
Si vous envoyez cette lettre aujourd'hui, elle arrivera probablement à Paris demain.
(La forme でしょう de です marque la probabilité.)

Expression de la demande avec le conditionnel en ば :

Pour formuler une demande d'information, la conditionnelle en ば sera suivie de いいですか.

どうすればいいですか。 : Qu'est ce que je dois faire ?
(どう = interrogatif sur la façon de faire)
どこで問い合わせばいいですか。 : Où est-ce qu'il me faut demander ?
(問い合わす/といあわす MV5 = s'informer)

Le suffixe distributif ずつ :

Après une indication de personnes ou de choses comptées, ずつ joue le rôle de distributif.

一人ずつ答えてください／入って下さい。 : Répondez / Entrez un par un !
オレンジとりんごを一キロずつ下さい。 : Donnez-moi un kilo d'oranges et un kilo de pommes. (りんご = pomme)
お金を少しずつためていく。 : Je mets de l'argent de côté petit à petit.
(お金 = de l'argent, ためる = MV1, mettre de côté)

Expressions fréquentes avec 前 *mae*, 間 *aida*, 後 *ato*, 時 *toki* :

この前, この間, sont des incises très fréquentes dans la langue parlée pour renvoyer à une période antérieure au moment présent, à traduire par « dernièrement », « il y a peu », « la dernière fois » …

その後 se prononce plus souvent *sonogo* et annonce que l'on va parler d'une période postérieure à une autre, « après ».
その時 se traduit par « à ce moment-là », « alors ».

Indications de durées :

Après une indication ponctuelle de minutes, d'heures, de jours, de semaines, de mois et d'années (voir également les Annexes), l'ajout du kanji 間, à prononcer カン, donne une indication de durée.

Exemples :

十五分間（じゅうごふんかん） : quinze minutes
五時間（ごじかん） : cinq heures
二日間（ふつかかん） : deux jours
四週間（よんしゅうかん） : quatre semaines
三年間（さんねんかん） : trois ans

Exceptions :

1/ Toute une journée se dit 一日中 (いちにちじゅう).
2/ Toute une soirée se dit 一晩中 (ひとばんじゅう).
3/ Toute une année se dit 一年中 (いちねんじゅう).
4/ Attention à la série des durées en mois :
Après le chiffre vient le suffixe カ, souvent écrit ヶ, puis le kanji pour *mois*, lequel se prononce ゲツ et non pas ガツ. Exemples :
一ヶ月間（いっかげつかん） : un mois
三ヶ月間（さんかげつかん） : trois mois

L6　練習問題 / れんしゅうもんだい/ **Exercices L6**

Exercice L6 - 1*　Conjonction de coordination　が

Version

1. 去年は山へ行きましたが今年は海へ行きます。
2. マリーさんは山へ行きますがわたしは海へ行きます。
3. 昨日レストランに行きましたがおいしくなかったです。
   （おいしい ＝ bon au goût）
4. 昨日レストランに行きましたがとてもおいしかったです。
5. 日本へ行きたいですが日本語ができません。

Exercice L6 - 2*　Déterminante circonstancielle avec　間

Version

1. 夏休みの間に海に行こうと思っています。
2. 雨が降っている間（は）うちでテレビを見ていました。
   （雨が降る/あめがふる ＝ la pluie tombe）
3. 私が勉強している間（は）となりの部屋にいて下さい。
4. パリにいる間に日本料理のレストランに行こうと思います。

Exercice L6 - 3*　Le suffixe　かどうか

Thème

1. Je ne sais pas si j'irai voir un film ce soir.
2. Demandez pour voir si M. Kobayashi vient.
3. Je vais demander au professeur si ce livre est difficile ou pas.
4. Regardez si ça peut aller comme (= avec) cela.

Exercice L6 - 4*　MV　もらう et　いただく

Thème

1. C'est un médicament que m'a donné la femme du professeur.
   （femme mariée ＝ 奥さん/おくさん）
2. C'est la voiture que m'a achetée mon père.
3. Un ami m'a prêté douze CD.
4. Le livre que m'a prêté le professeur est très intéressant.

Exercice L6 - 5 Déterminante circonstancielle avec 前

Thème

1. Avant d'aller au Japon, étudiez la langue japonaise. [前に]
2. Avant d'aller à l'université, je vais à la bibliothèque, et rends ce livre. (rendre = 返す/かえす) [前に]
3. D'habitude (= toujours), je prends un bain avant d'aller me coucher. [前に]
4. Avant d'habiter à Aix, j'ai habité un an à Marseille. [前は]

Exercice L6 - 6 Expression de la recommandation MV + 方がいい

Thème

1. Il vaut mieux aller vite chez un médecin.
2. Je pense qu'il vaut mieux téléphoner avant d'y aller.
3. Je pense qu'aujourd'hui il vaut mieux ne pas boire d'alcool (= sake).
4. Il vaut mieux écrire en kanji.

Exercice L6 - 7 Déterminante circonstancielle avec 後

Thème

1. Après avoir fait des courses, je vais voir un film.
2. Après le départ de mon ami (= qu'il soit parti), j'ai fait le ménage.
3. Après que les enfants se sont endormis, c'était tranquille. (s'endormir = 寝る)
4. Il vaut mieux ne pas faire de sport tout de suite après avoir mangé.

Exercice L6 - 8 Conditionnelle en ば

Thème

Avec MV

1. Si vous lisez bien ceci, vous comprendrez.
2. Si vous mangez bien, vous serez en bonne santé.
3. Si vous demandez au professeur, il vous renseignera. (教えてくれるでしょう)
4. Si je n'ai pas le temps, je n'y vais pas.

Avec MQ

1. Si c'est bon marché, j'achète.
2. Si c'est léger, je le mets dans mon sac. (mettre dans = 入れる/いれる)

Exercice L6 - 9*　Expression de la demande avec ば

Thème

1. Où est-ce que je dois aller ?
2. Quand est-ce que je dois venir ?
3. A qui faut-il que je demande ?
4. Comment dois-je écrire ?

Exercice L6 - 10*　Impératif négatif

Version

1. ここでたばこを吸わないでください。（吸う/すう）
2. 大きな声で話さないでください。（声/こえ = voix）
3. 朝早く電話しないでください。
4. その部屋には入らないでください。（入る/はいる = entrer）
5. そこに座らないでください。（座る/すわる = s'asseoir）

Exercice L6 - 11*　ところ/ ずつ / -くて / もらう et いただく

Version

1. 今、うちに帰ったところです。
2. この紙を一人一枚ずつとってください。
3. 昨日からパソコンの調子が悪くて…
4. これは先生に日本語に訳していただいた手紙です。（訳す/やくす = traduire）
5. 今朝は母に大学まで車で送ってもらいました。
   （送る/おくる = *ici* accompagner, 今朝/けさ = ce matin）

Quelques proverbes et dictons

諺／ことわざ

言わぬが花／いわぬがはな

Le silence est d'or

(言う／いう＝dire, ici au négatif ancien, 花／はな＝fleur)

急がば回れ／いそがばまわれ

Hâte-toi lentement

(急ぐ／いそぐ＝se dépêcher, ici au conditionnel ancien, 回る／まわる＝faire un détour, ici à l'impératif court)

仏の顔も三度（まで）

ほとけのかおもさんど（まで）

La patience a des limites

([On n' affiche] que trois fois le visage paisible d'un Bouddha)
(仏／ほとけ＝Bouddha, 顔／かお＝visage, 三度／さんど＝trois fois)

第七課　旅行

ゴールデン・ウィークを利用して、二泊三日の旅行に出る。京都に着いたらすぐ荷物が預けられるように、まずはホテルを予約しなくてはいけない。

新幹線で京都まで行き、予約しておいたホテルによって荷物を置いた。京都は東京より歴史が古いので、できるだけたくさんのお寺や神社を見ておこうと思った。

京都へ行くなら、竜安寺をぜひ見ておくようにと先生に言われていた。お寺の受付で日本語と英語のパンフレットをもらった。英語のパンフレットの方はすぐ読めたが、日本語の方は漢字も多く、専門用語もたくさん使われているので、難しく感じた。お寺を見終わってから休憩しようと思って、喫茶店を探していると雨が降り出した。雨にぬれないように、近くにある別のお寺に入った。そこは竜安寺ほど観光客がいなかったのでとても良かった。お腹もすいたし、雨もやんでいなかったので、そこでお寺らしい精進料理を味わうことにした。

第七課　旅行

ゴールデン・ウィークを利用して、二泊三日の旅行に出る。京都に着いたらすぐ荷物が預けられるように、まずはホテルを予約しなくてはいけない。

新幹線で京都まで行き、予約しておいたホテルによって荷物を置いた。京都は東京より歴史が古いので、できるだけたくさんのお寺や神社を見ておこうと思った。

京都へ行くなら、竜安寺をぜひ見ておくようにと先生に言われていた。お寺の受付で日本語と英語のパンフレットをもらった。英語のパンフレットの方はすぐ読めたが、日本語の方は漢字も多く、専門用語もたくさん使われているので、難しく感じた。お寺を見終わってから休憩しようと思って、喫茶店を探していると雨が降り出した。雨にぬれないように、近くにある別のお寺に入った。そこは竜安寺ほど観光客がいなかったのでとても良かった。お腹もすいたし、雨もやんでいなかったので、そこでお寺らしい精進料理を味わうことにした。

Vocabulaire Leçon 7

abrév.	mot/expression	prononciation	sens
MN	ゴールデン・ウィーク		"Golden Week" (jours fériés consécutifs fin-avril début-mai)
MVIrr.	利用する	りよう・する	utiliser
MN	二泊三日	にはくみっか	deux nuitées et trois jours
MN	旅行	りょこう	voyage
MN	京都	きょうと	Kyōto
MV5	着く	つ・く	arriver
MN	荷物	にもつ	bagages
MV1	預ける	あず・ける	laisser en dépôt
San	～ように		de façon à, comme
A	まず		tout d'abord
MVIrr.	予約する	よやく・する	réserver
Suf	～なければならない ～なくてはいけない		après la racine / base d'un MV : "Il faut (que) …" (double négation)
MN	新幹線	しんかんせん	TGV japonais
MVCo	～ておく		faire (en vue de)
MV5	よる		passer par
MV5	置く	お・く	poser
E	より		à partir de
MN	歴史	れきし	histoire
MQ	古い	ふる・い	ancien
Loc	できるだけ		dans la mesure du possible
MN	（お）寺	てら	temple (Bouddhisme)
MN	神社	じんじゃ	sanctuaire (Shintō)
MN	竜安寺	りょうあんじ	Ryōanji (nom propre)
A	ぜひ		à tout prix
MN	受付	うけつけ	accueil (comptoir)
MN	英語	えいご	langue anglaise
MN	パンフレット		dépliant, brochure
MN	漢字	かんじ	kanji
MN	専門	せんもん	spécialité
MN	用語	ようご	lexique, vocabulaire
MQ	難しい	むずか・しい	difficile
MV1	感じる	かん・じる	ressentir
MV5	終わる	お・わる	finir, prendre fin

MVIrr.	休憩する	きゅうけい・する	faire une pause
MV5	探す	さが・す	chercher
MN	雨	あめ	pluie
MV5	降る	ふ・る	tomber (pluie, neige)
MV5	出す	だ・す	sortir (qch) de sa poche
MVCo	降り出す	ふ・り・だ・す	se mettre à pleuvoir
MV1	ぬれる		être mouillé
MN	別	べつ	autre
MN	観光	かんこう	tourisme
MN	客	きゃく	client
MN	観光客	かんこうきゃく	touriste
MN	お腹	お・なか	ventre, abdomen
MV5	すく		être vide
MV5	やむ		s'arrêter (phénomène naturel)
MQ San	らしい		qui ressemble à / est digne de
MN	精進料理	しょうじん りょうり	cuisine maigre / végétarienne / de temple
MV5	味わう	あじ・わう	goûter, apprécier

****

Modèles de tracés de kanji 13 :
Lectures *ON* en katakana, lectures *KUN* en hiragana

sens ╲	lectures ╲	ordre des traits
業 **occupation Karma**	ギョウ ゴウ わざ	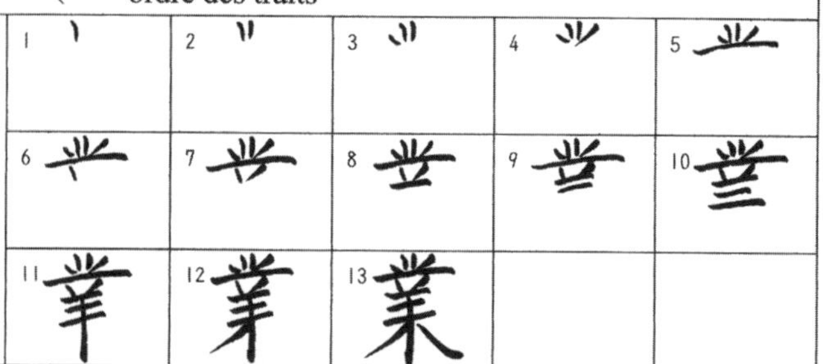
見 **voir**	ケン み（る） み（せる） み（える）	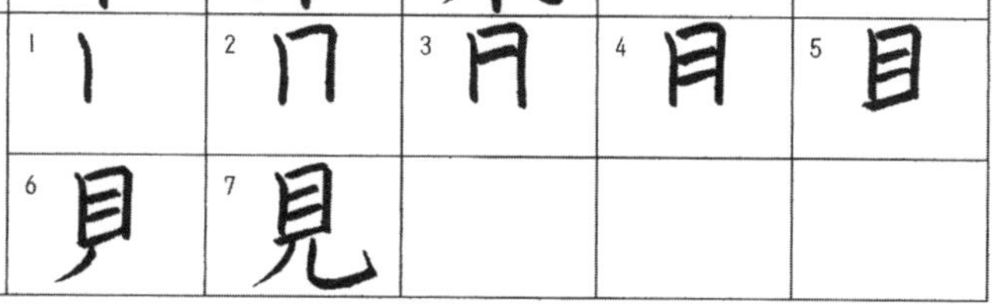

Kanji du texte de base / Lectures *ON* et *kun* / Sens / Quelques composés

kanji	lectures	sens	composés
旅	リョ たび	voyage, excursion	旅先/たびさき（destination） 旅行者/りょこうしゃ (voyageur, touriste)
利	リ き・く	avantage, intérêt être efficace	左利き/ひだりきき（gaucher） 利子/りし（intérêt [d'un prêt]） 有利/ゆうり（avantageux, profitable）
泊	ハク と・まる と・める	loger	宿泊/しゅくはく (séjour [en hôtel / pension]) 泊まり客/とまりきゃく (hôte, client)
都	ト、ツ みやこ	ville, capitale	首都/しゅと（capitale）都会/とかい（ville, agglomération）都合/つごう（circonstances, marche des choses）
着	チャク き・る／せる つ・く／ける	arrivée, vêtements porter, habiller arriver	着陸/ちゃくりく（atterrissage） 下着/したぎ（sous-vêtement） 着物/きもの（kimono, vêtement）
荷	カ に	charge bagages marchandises	入荷/にゅうか（arrivée de marchandises）出荷/しゅっか（expédition de marchandises）
預	ヨ あず・ける あず・かる	confier, recevoir en dépôt	預金/よきん（dépôt [d'argent]） 預かり所/あずかりしょ (dépôt, magasin)
予	ヨ	au préalable à l'avance	予定/よてい（projet, plan, attente） 予想/よそう（prévision） 予言/よげん（prédiction, prophétie）
約	ヤク	promesse approximative-ment	公約/こうやく（engagement public） 約束/やくそく（promesse）約三キロ/やくさんキロ（environ 3 km [kg]）
幹	カン みき	partie principale tronc (d'un arbre)	幹部/かんぶ（cadre, personnel de direction）語幹/ごかん（racine d'un mot）幹事長/かんじちょう（secrétaire général）
置	チ お・く	poser, mettre laisser	位置/いち（position, emplacement） 前置き/まえおき（préambule） 物置/ものおき（débarras, resserre）

歴	レキ	passage du temps	歴任/れきにん（emplois successifs） 前歴/ぜんれき（antécédents, passé） 学歴/がくれき (antécédents scolaires)
史	シ	histoire chronique	史実/しじつ（fait historique） 日本史/にほんし（histoire du Japon） 中世史/ちゅうせいし (histoire médiévale)
寺	ジ てら	temple	山寺/やまでら（temple de montagne） 寺院/じいん（temple, église）
神	シン、ジン かみ	Dieu, dieu	神父/しんぷ（prêtre [catholique]） 神話/しんわ（mythe, mythologie）
社	シャ やしろ	sanctuaire shintō société	社会/しゃかい（société, social） 社員/しゃいん（employé, membre du personnel）社長/しゃちょう (directeur de société)
竜	リュウ たつ	dragon	恐竜/きょうりゅう（dinosaure） 竜巻/たつまき（trombe, tornade）
受	ジュ う・ける う・かる	recevoir, passer	受理/じゅり（acceptation） 受け身/うけみ (passivité, passif [grammaire])
付	フ つ・く つ・ける	s'attacher se placer être muni de	交付/こうふ（livraison, remise）日付/ひづけ（date [d'une lettre]）気付く/きづく（s'apercevoir, remarquer）
英	エイ	brillant talentueux	英気/えいき（énergie spirituelle） 石英/せきえい（quartz） 和英/わえい（japonais-anglais）
読	ドク、トク、(トウ) よ・む	lire	読み方/よみかた（prononciation [d'un mot]）読書/どくしょ（lecture） 読者/どくしゃ（lecteur）
漢	カン	Han (dynastie) Chine, homme	門外漢/もんがいかん（un profane） 漢時代/かんじだい（période des Han）漢文/かんぶん（littérature de modèle chinois）

字	ジ あざ	caractère, lettre hameau	ローマ字/ローマじ（alphabet latin） 活字/かつじ (caractères d'imprimerie） 字体/じたい（forme / police de caractères）
専	セン もっぱ・ら	entièrement exclusivement	専門家/せんもんか (spécialiste, expert） 専任/せんにん (service exclusif, titulaire）
門	モン かど	porte	入門書/にゅうもんしょ (ouvrage d'introduction） 部門/ぶもん（section, secteur）
難	ナン むずか・しい かた・い	difficile	難題/なんだい（problème / question difficile） 難民/なんみん（réfugiés） 非難/ひなん (reproche, critique, réprobation）
感	カン	sentiment sensation	感心/かんしん（admiration） 感想/かんそう (impression, sentiments） 感情/かんじょう (sentiments, émotion）
終	シュウ お・わる お・える	finir	最終/さいしゅう（dernier） 終点/しゅうてん（terminus） 終日/しゅうじつ（toute la journée） 終戦/しゅうせん（fin de la guerre）
休	キュウ やす・む やす・まる／める	repos, être absent se détendre	休日/きゅうじつ（jour férié, congé） 休火山/きゅうかざん（volcan éteint）
憩	ケイ いこ・い いこ・う	repos se reposer	休憩所/きゅうけいじょ（lieu de repos） 休憩時間/きゅうけいじかん (durée de repos）
喫	キツ	absorber boire, manger fumer	喫煙/きつえん（usage du tabac） 満喫/まんきつ (se rassasier, savourer）
茶	チャ、サ	thé	茶道/さどう (cérémonie du thé) 茶色/ちゃいろ (brun)
探	タン さが・す さぐ・る	chercher, sonder rechercher	探知/たんち（détection） 探検/たんけん (exploration, expédition）

雨	ウ あめ	pluie	大雨/おおあめ（pluie violente）小雨/こさめ（bruine）風雨/ふうう(vent et pluie）雨水/あまみず（eau de pluie）
降	コウ ふ・る お・りる／ろす	tomber descendre faire descendre	降雨量/こううりょう（pluviosité） 降下/こうか（descente, chute, baisse） 以降/いこう（depuis, à partir de）
別	ベツ わか・れる	différent, séparé se séparer se partager	区別/くべつ（différence, distinction） 別人/べつじん（personne différente） 分別/ふんべつ（discernement）
観	カン	apparence, vue	外観/がいかん（apparence, aspect） 観念/かんねん（notion, idée） 主観的/しゅかんてき（subjectif） 楽観的/らっかんてき（optimiste）
光	コウ ひかり ひか・る	lumière, briller	日光/にっこう（lumière solaire） 月光/げっこう（clair de lune） 発光/はっこう（émission de lumière）
客	キャク、カク	invité, client	客観的/きゃっかんてき (objectif, objective） 乗客/じょうきゃく(passager） 旅客/りょかく、りょきゃ (passager, voyageur）
腹	フク はら	ventre, pensée intime	空腹/くうふく（ventre creux, faim） 立腹/りっぷく（colère, irritation） 太っ腹/ふとっぱら（magnanime, audacieux）
精	セイ、ショウ	esprit, énergie vitalité	精神/せいしん（esprit）不精・無精/ぶしょう（indolence, négligence, paresse）精力/せいりょく（énergie vigueur, vitalité）
進	シン すす・む すす・める	avancer progresser faire avancer	先進国/せんしんこく（pays développé）進歩/しんぽ（progrès, avance）前進/ぜんしん（marche en avant, progrès）
味	ミ あじ あじ・わう	goût goûter, apprécier	意味/いみ（signification, sens） 不気味/ぶきみ（inquiétant, sinistre） 地味/じみ（sobre, modeste）

LEÇON 7 : Explications et commentaires

Le potentiel du mot verbal :

Morphologie

MV1 : à la racine, ajouter られる :

食べる→食べられる/ pouvoir manger, 寝る→寝られる/ pouvoir dormir

MV5 : à la base en E, ajouter -る :

行く→行ける/ pouvoir aller, 読む→読める/ pouvoir lire

N. B. 1 : les mots verbaux ainsi obtenus sont tous des MV1 au plan morphologique.

N. B. 2 : irréguliers : する est remplacé par できる, 来る devient 来られる(こられる)

N. B. 3 : le potentiel du MV1 revêt la même forme que le passif (voir plus bas).

Emploi

Les MV ainsi obtenus indiquent que l'action se produit naturellement.

飲める signifie ainsi "être buvable", 読める "être lisible/se lire de façon naturelle".

L'objet de l'action possible est donc marqué par la particule が :

漢字が読めますか。 : Pouvez-vous lire les kanji ?

Structure fréquente incluant le potentiel

MV (potentiel, forme courte, atemporel) + ようになりました : en être venu à pouvoir …

日本語が話せるようになりました。 : J'en suis venu à pouvoir parler japonais.

Le mot-outil よう : expression de l'apparence / du but

Dans son acception fondamentale, le mot よう est proche de notre "façon", qui sert à exprimer la ressemblance, la méthode et aussi le but ("de façon à …").

1/ Il sert donc à comparer des façons de procéder :

犬のように泳ぐ。 : Nager comme un chien. (泳ぐ/およぐ = nager)

犬のような食べ方 : Façon de manger comme d'un chien

2/ Il sert à comparer un état :

そのようです。 : Cela semble (bien) être ça.

雨が降っているようです。 : Il semble qu'il pleuve.

3/ Il sert à exprimer le but : (exemple avec 忘れる/ わすれる, MV1 oublier)

忘れないようにして下さい。 : Faites en sorte de ne pas oublier.

Rappel : la structure MV (court atemporel) + ようになる est très fréquente : "en venir à, être amené à la situation de …".

Expression de l'obligation (double négation) :

Deux structures de base sont à l'œuvre :

1/ MV au négatif court et conditionnel en ば＋なりません

soit : MV なければなりません

明日までにこれを読まなければなりません。 : Je dois lire ceci avant demain.

2/ MV au négatif court et suspensif + は＋いけません
soit : MV なくてはいけません
ホテルを予約しなくてはいけません。 : Il faut réserver à l'hôtel.

Note 1 : la seconde formule, bien qu'ayant tendance à être utilisée au même titre que la première, relève plus d'une obligation morale.
Note 2 : on peut trouver la structure MV ない<u>と</u>いけません／いけない, avec と dit de circonstance (voir plus bas). Ici aussi la double négation induit le sens de l'obligation.
Note 3 (Rappel) **:** à la demande de permission (MV てもいいですか) la réponse négative est MV てはいけません, où l'on retrouve le MV de la 2ème formule, qui sert à l'expression de l'interdiction.
Note 4 : dans la langue parlée rapide, on relève pour les 2 formules des contractions sonores et, parfois, une ellipse du dernier des MV.

Exemple pour する : しなければならない sera réduit en しなきゃ, しなくてはいけない en しなくちゃ. Dans une première étape, retenir ces sonorités, et ne pas se servir de ces formes qui relèvent d'un niveau de langue familier.

Suspensif-connectif de l'écrit :

Cette forme où ne figure pas le son en TE remplit la même fonction que le suspensif-connectif avec TE. Elle est plus fréquente à l'écrit qu'à l'oral.

1/ Avec MV
MV1 ramené à sa racine ; MV5 à la base en *i* ; *suru* donne *shi*.
(Dans le texte, voir Col. 4 : 行き remplace 行って.)

2/ Avec MQ
La syllabe *ku* remplace le *i* final mais ne prend pas le son en TE.
(Dans le texte, voir Col. 9 ou 10 : 多く remplace 多くて.)

Mot verbal en て+ おく :

Le mot verbal (MV5) おく qui, seul, signifie "poser", intervient après un premier mot verbal à la forme en て à titre d'auxiliaire pour indiquer que l'action indiquée est faite en prévision d'une autre.

窓を開けておく。 : Laisser la fenêtre ouverte.
(窓/まど = fenêtre, 開ける/あける = ouvrir)
窓を開けておいて下さい。 : Laissez la fenêtre ouverte.
お客さんが来ますから、掃除をしておきます。 :
Je fais le ménage (au préalable) parce qu'un invité vient.

Expression du comparatif :

Structures de base

1/ A est plus grand que B = A は B より大きいです。
ou encore A の方（ほう）が B より大きいです。

2/ A est aussi grand que B = A は B と同じぐらい大きいです。
(大きい est déterminé par 同じ(おなじ= "identique") suivi de くらい/ぐらい "à peu près")

3/ A est moins grand que B = A は B ほど大きくないです。/大きくありません。
Retraduite, cette phrase donne « A n'est pas aussi grand que B ».
(ほど est un sémantème annexe qui signifie à l'origine le "degré", et peut être traduit par "autant que". Ex. : 本は山ほどあります。 : Des livres, il y en a des montagnes.)
(山/やま = montagne)

4/ La question prend la forme suivante :
A と B と（では）どちらが大きいですか。 : De A et B, lequel est plus grand ?

Expression du superlatif :

Placer devant le mot à modifier 一番 (いちばん) "le premier" ou もっとも "le plus". Le superlatif en japonais s'utilise quand au moins trois éléments sont en présence.
A と B と C とでは A が一番大きいです。 : De A, B et C, A est le plus grand.

On peut également utiliser ～の中で pour "parmi", à la place de とでは :

A と B と C とでは De A, B et C…
A と B と C の中で Parmi…
クラスの中で Dans la classe…
} どれ／だれ／何が一番大きいですか。 lequel est le plus grand ?

クラスの中でジルさんが日本語が一番上手です。 :
Dans la classe, Gil est le plus fort en japonais.

Le conditionnel en なら :

Pour exprimer une donnée connue et, moins souvent, hypothétique, le mot なら s'utilise d'abord, à la différence des autres conditionnels déjà vus, directement après un MN :

TGV なら、五時間かかります。 : (si c'est) En TGV, il faut 5 heures.
(la donnée est connue, le « si » en français est inutile)
井上さんのことなら、私が知っています。 :
(si c'est de) M. Inoue (qu'il s'agit), moi je le connais.

なら s'utilise aussi après une proposition avec ou sans の :
木下さんが行く（の）なら、私も行きます。 :
Si M. Kinoshita y va, moi aussi j'y vais.

Le passif du mot verbal :

Morphologie

MV1 : à la racine du MV on ajoute られる : 見る→見られる/ être vu
N. B. : la forme du passif des MV1 est donc la même que celle du potentiel.
MV5 : à la base en A du MV on ajoute れる : 作る→作られる/ être construit
Irréguliers : する→される, 来る→来られる（こられる）

N. B. : tous les MV au passif sont du type ichidan au plan morphologique.
Le passif implique donc pour tous les MV l'apparition d'une ou deux syllabes en « R » avant le る final.

Syntaxe
L'agent de l'action est marqué par la particule に (intensif : によって), éventuellement から pour souligner le point d'origine de l'action.

N. B. : le passif en japonais s'utilise d'une part comme dans les langues occidentales, d'autre part avec une nuance détrimentale, qui marque que la personne subit l'action au point d'en être la victime.

子供が車にひかれた。 : Un enfant a été accroché par une voiture.
(ひく= accrocher, écraser).

Notez les tournures particulières, avec nuance détrimentale, suivantes :

雨に降られた。 : Avoir été surpris/trempé par la pluie.
子供に死なれた。 : Avoir perdu un enfant. (死ぬ/しぬ = mourir)
子供に泣かれる。 : Subir les pleurs d'un enfant. (泣く/なく = pleurer)

Dans ces trois exemples, on note que le MV d'origine est un intransitif.

Sans nuance détrimentale :

ここへ来るように言われた。 : On m'a dit de venir ici.
いろいろと聞かれた。 : On m'a posé diverses questions.

〜と思われる (de 思う) : On pense (généralement) que …
〜と見られる : On considère (généralement) que …
〜と考えられる (de 考える/かんがえる) : On pense / peut penser que …

(En grammaire japonaise traditionnelle, les trois derniers exemples ne relèvent ni du passif ni du potentiel, mais du "spontané".)

と de circonstance :

Après un MV (avec ou sans -ます, fonction du style), la copule, ou un MQ (à l'atemporel dans tous les cas), la particule と exprime la circonstance, à traduire par "quand", "alors que" ou "si" selon le contexte. Deux cas principaux d'utilisation :

1/ L'action de la circonstancielle constitue une condition qui entraîne automatiquement l'action de la principale.

このボタンを押すとふたが開きます。 :
Quand on appuie sur ce bouton, le couvercle s'ouvre.
(ボタン = bouton, 押す/おす = appuyer, pousser, ふた = couvercle, 開く/あく = s'ouvrir)

冬になると雪が降る。 : Quand vient l'hiver, la neige tombe.
(冬/ふゆ = hiver, 雪/ゆき = neige)

2/ L'action inopinée de la circonstancielle entraîne, avec une certaine nuance de surprise, l'action de la principale.

下を見ると財布（さいふ）が落ちていた。 : Alors que je regardais en bas, je vis que mon (qu'un) portefeuille était tombé. (落ちる/おちる = tomber)

3/ Cas particulier d'application : la double négation.

九時にならないと開かない。 : Ça n'ouvre pas avant neuf heures / ça n'ouvre pas tant qu'il n'est pas neuf heures.

これを読まないと分からない。 : Tu ne comprendras pas si tu ne lis pas ça.

La conjonction de coordination し :

Cette conjonction intervient en lieu et place de GA lorsque les informations données dans les propositions indépendantes coordonnées ne relèvent pas d'un propos homogène.

雨が降っているし、疲れたし、帰ることにします。 :
Il pleut ; je suis fatigué ; je rentre.

この部屋は大学に近いし、安いし、きれいだし、借りることにします。 :
Cette chambre se trouve près de l'université, elle n'est pas chère, elle est propre ; je vais la louer.

Comme pour la conjonction de coordination が, し peut s'entendre en fin de phrase, à valeur d'ellipse de la conclusion d'un raisonnement :

その部屋は駅から遠いし、高いし、汚いし… :
Cette chambre-là est loin de la gare, le loyer est cher, et elle est sale …
(遠い/とおい = loin, 汚い/きたない = sale)

Expression de la semblance avec らしい :

Après un MV (forme courte, atemporel ou perfectif), un MQ, un QI ou un MN, le mot らしい exprime la ressemblance ou la semblance.

学生らしい : qui semble être étudiant

井上さんはもう着いたらしいです。 : Il semble que M. Inoue soit déjà arrivé.

Note 1 : selon le contexte, ce mot peut signifier « qui a toutes les qualités de », « digne du nom de », 学生らしい peut vouloir dire "typique d'un étudiant". Voir aussi :

それは女らしくありません。 :
Ce n'est pas féminin. (au plan comportemental) (女/おんな = femme)

Note 2 : d'autres possibilités s'offrent pour rendre l'apparence, le ouï-dire, etc. らしい s'utilise dans l'ensemble des cas.

L7　練習問題 / れんしゅうもんだい/ **Exercices L7**

Exercice L7 - 1*　Structure MV au potentiel + ようになる

Traduisez les phrases suivantes d'après le modèle proposé.

Ex. : Mon fils en est venu à pouvoir aller seul à l'école.
息子は一人で学校に**行けるようになりました**。(息子/むすこ = fils)

1. J'en suis arrivé à pouvoir écrire environ trois cents kanji.
2. Ma sœur cadette peut désormais conduire la voiture toute seule.
3. J'en suis venu à pouvoir manger du poisson cru. (cru = 生/なま)
4. L'enfant en est venu à jouer habilement du violon.
(jouer [du violon] = 弾く/ひく, violon = バイオリン)
5. J'en suis venu à pouvoir nager deux cents mètres. (mètre = メートル)

Exercice L7 - 2*　Expression de l'obligation (double négation)

Traduisez les phrases suivantes d'après le modèle proposé.

Ex. : Je dois lire ceci avant demain.
明日までにこれを読ま**なければなりません**。

1. Je dois écrire une dissertation avant mardi prochain. (dissertation = 作文/さくぶん)
2. Je dois acheter un dictionnaire kanji-anglais avant l'examen.
(kanji-anglais = 漢英/かんえい, examen = 試験/しけん)
3. Je dois téléphoner avant d'y aller.
4. Je dois aller rencontrer mon professeur avant demain après-midi.
5. Je dois faire un petit boulot tous les soirs de cette semaine.
(cette semaine = 今週/こんしゅう)

Exercice L7 - 3*　Expression du comparatif

Traduisez les phrases suivantes d'après le modèle proposé.

A-1. Structure de base à l'affirmatif

Ex. : Tōkyō est plus grand que Paris. 東京はパリより大きいです。

1. Le sake est plus cher que le vin.
2. Le japonais est plus difficile que le chinois.
3. Le Musée du Louvre est plus connu que le Musée Granet.
4. Le sac en cuir est plus solide que le sac en tissu. (cuir = 皮/かわ, tissu = 布/ぬの)

A-2. Structure avec WA et GA

Ex. : La population de Tōkyō est plus nombreuse que celle de Paris.

東京はパリより人口が多いです。（人口/じんこう = population）

1. Les Allemands sont plus grands que les Japonais.（être grand = 背が高い/せがたかい）
2. Pierre est plus fort que Jean en anglais.
3. Le coût de la vie est plus élevé à Tōkyō qu'à Paris.（coût de la vie = 物価/ぶっか）

B. Structure de base "autant que"

Ex. : Sophie est aussi grande que Marie.

ソフィさんはマリーさんと同じぐらい背が高い。

1. Jean est aussi doué en japonais que Pierre.
2. L'hiver à Aix est aussi froid qu'à Tōkyō.
3. Ma voiture est aussi rapide que celle du voisin.（rapide = 速い/はやい）

C. Structure de base "pas aussi que"

Ex. : Paris n'est pas aussi grand que Tōkyō.

パリは東京ほど大きくありません。

1. Ce n'est pas aussi difficile que cela.
2. Le film d'aujourd'hui n'était pas aussi intéressant que celui de la semaine dernière.
3. M. Kobayashi n'est pas aussi occupé qu'hier.

Exercice L7 - 4*　Conditionnelle en なら

Traduisez les phrases suivantes d'après le modèle proposé.

Ex. : Si c'est en TGV, ça prend 3 heures.　TGV なら三時間かかります。

1. Avec l'Internet, vous pouvez acheter tout de suite.（Internet = インターネット）
2. Si c'était moi, je n'irais pas.
3. Si ce n'est pas cher, j'achète.
4. Si toi Pierre tu n'y vas pas, moi non plus je n'y vais pas.
5. S'il s'agit de voir des films japonais, voyez des oeuvres de Kurosawa.
（œuvre = 作品/さくひん）

Exercice L7 - 5*　Circonstantielle avec と

Traduisez les phrases suivantes d'après le modèle proposé.

Ex. : Quand vient le printemps, les cerisiers fleurissent.

（cerisier = 桜/さくら, fleurir = 咲く/さく）

春になると桜が咲きます。

1. Quand arrivent les vacances d'été, les touristes viennent nombreux.
   (vacances = 休み/やすみ, été =夏/なつ, vacances d'été =夏休み)
2. Quand je vais au café, je rencontre toujours les mêmes personnes.
3. Quand je me lève le matin, je prends un café en regardant la télévision.
4. Quand vient le froid, ma mère confectionne de la soupe aux poissons.

Exercice L7 - 6*　Passif

Thème

1. Je me suis fait voler mon téléphone portable dans le train. (train = 電車/でんしゃ)
2. Cet immeuble a été construit il y a vingt ans. (construire = 建てる/たてる)
3. A l'aéroport, on a contrôlé le contenu de mon sac.
   (aéroport = 空港/くうこう , contrôler = 調べる/しらべる, contenu = 中身/なかみ)
4. Ce mot est souvent utilisé par les jeunes.
   (mot = 言葉/ことば, jeunes = 若者/わかもの)
5. Le professeur m'a dit de venir à l'université demain matin à huit heures.

Exercice L7 - 7*　～し / ～らしい / ～ておく

Version

1. 今日は天気もいいし、他にすることもないし、プールへ行って泳ぐことにします。(他（に）= [d'] autre)
2. 疲れているし、明日は試験があるし、今日は早くうちに帰ります。
3. 田中さんは今日は会社には来ないらしいです。(会社/かいしゃ = entreprise)
4. まだ人が来ますから、入口のドアを開けておいてください。(ドア = porte)
5. その辞書は後でわたしが使いますからそこに置いておいてください。

第八課　ホテルでの一泊

雨がやんで、お寺を出たジルは、ホテルに戻ることにした。

（ホテルで）

フロント係　お帰りなさいませ。今日はどちらへいらっしゃったんですか。

ジル　竜安寺とその周辺のお寺を見て来ました。雨に降られたのでお寺で精進料理を頂いて来ました。

フロント係　そうでございますか。お疲れでしょうね。お荷物をすぐお部屋へ運ばせますから、どうぞお風呂へお入りください。改築したばかりの新しいお風呂で、先程から大学の先生がお一人入っていらっしゃいますけれども…。

ジル　そうですか。バス停で長く待たされて足が疲れてしまったので、早速行ってみます。

（お風呂場で）

ジル　こんばんは。

別の客　こんばんは。いいお湯ですよ。どちらからですか。

ジル　東京からですが、国はベルギーです。フロントで大学の先生でいらっしゃると伺いましたが、先生は何を教えていらっしゃるんでしょうか。

別の客　美術史を教えています。

（ジルと大学の先生は一緒に夕食を取ることになった。）

先生　ジルさん、どんな料理を食べましょうか。

ジル　何でも結構です。

先生　では、私の知っている日本料理のお店でもよろしいですか。

ジル　はい。あっ、すみません。ちょっと忘れ物をしたので、部屋まで戻って取って来ます。

- - - - - - - - - - - - - - - -

ジル　お待たせ致しました。

（日本料理のお店で）

先生　週末でもないのに混んでいるみたいだな。少し待たされるかもしれませんね。

ジル　仕方がありませんね。あっ、奥の席が空いたようですよ。

先生　本当ですね、良かった。

店員　いらっしゃいませ。お二人様ですね、こちらへどうぞ。お飲み物は何になさいますか。

先生　まず、生ビールを二つもらいましょうか。今日のおすすめは何ですか。

店員　かつおのたたきと豆腐の味噌漬けでございます。

先生　じゃあ、それを一つずつに、海藻のサラダと漬物の盛り合わせをとりあえずお願いします。

店員　はい、承知しました。

ジル　先生、窓際に置いてある、あの緑色の物は何でしょうか。

先生　あれですか。あれはきっと唐時代に作られた花瓶の複製ですよ。中国古代特有の形をしたものですが、最近日本で作られたものでしょう。

ジル　そうですか。先生のお話を伺っていると、とても勉強になります。

先生　さあ、ビールも来たし、乾杯しましょう。

二人で　乾杯！

第八課（だいはちか）　ホテルでの一泊（いっぱく）

雨がやんで、お寺を出たジルは、ホテルに戻（もど）ることにした。

（ホテルで）

フロント係（がかり）　お帰りなさいませ。
今日はどちらへいらっしゃったんですか。

ジル　竜安寺とその周辺（しゅうへん）のお寺を見て来ました。雨に降られたのでお寺で精進料理を頂（いただ）いて来ました。

フロント係　そうでございますか。お疲（つか）れでしょうね。お荷物をすぐお部屋へ運（はこ）ばせますから、どうぞお風呂（ふろ）へお入りください。改築（かいちく）したばかりの新しいお風呂で、先程（さきほど）から大学の先生がお一人（ひとり）入っていらっしゃいますけれども…。

ジル　そうですか。バス停（てい）で長（なが）く待（ま）たされて足（あし）が疲れてしまったので、早速（さっそく）行ってみます。

（お風呂場（ふろば）で）

ジル　こんばんは。

別（べっ）の客（きゃく）　こんばんは。いいお湯（ゆ）ですよ。どちらからですか。

ジル　東京からですが、国はベルギーです。フロントで大学の先生でいらっしゃると伺いましたが、先生は何を教えていらっしゃるんでしょうか。

別の客　美術史を教えています。

＿＿＿＿＿＿＿＿＿＿＿＿＿＿＿＿

（ジルと大学の先生は一緒に夕食を取ることになった。）

先生　ジルさん、どんな料理を食べましょうか。

ジル　何でも結構です。

先生　では、私の知っている日本料理のお店でもよろしいですか。

ジル　はい。あっ、すみません。ちょっと忘れ物をしたので、部屋まで戻って取って来ます。

- - - - - - - - - - - - - - - - - - - -

ジル　お待たせ致しました。

＿＿＿＿＿＿＿＿＿＿＿＿＿＿＿＿

（日本料理のお店で）

先生　週末でもないのに混んでいるみたいだな。少し待たされるかもしれませんね。

ジル　仕方がありませんね。あっ、奥の席が空いたようですよ。

先生　本当ですね、良かった。

店員　いらっしゃいませ。お二人様(ふたりさま)ですね、こちらへどうぞ。お飲(の)み物(もの)は何になさいますか。

先生　まず、生(なま)ビールを二(ふた)つもらいましょうか。今日のおすすめは何ですか。

店員　かつおのたたきと豆腐(とうふ)の味噌(みそ)漬けでございます。

先生　じゃあ、それを一つずつに、海藻(かいそう)のサラダと漬物(つけもの)の盛(も)り合(あ)わせをとりあえずお願いします。

店員　はい、承知(しょうち)しました。

ジル　先生、窓際(まどぎわ)に置いてある、あの緑色(みどりいろ)の物は何でしょうか。

先生　あれですか。あれはきっと唐時代(とうじだい)に作られた花瓶(かびん)の複製(ふくせい)ですよ。中国古代特有(こだいとくゆう)の形(かたち)をしたものですが、最近(さいきん)日本で作られたものでしょう。

ジル　そうですか。先生のお話(はなし)を伺っていると、とても勉強(べんきょう)になります。

先生　さあ、ビールも来たし、乾杯(かんぱい)しましょう。

二人で　乾杯！

Vocabulaire Leçon 8

abrév.	mot/expression	prononciation	sens
MN	一泊	いっぱく	une nuit, une nuitée
MV5	戻る	もど・る	revenir sur ses pas
MN	フロント係	～がかり	personne chargée de l'accueil
Loc	お帰りなさい（ませ）		"Bonsoir" (salutation envers une personne qui rentre)
MV5	いらっしゃる		être, aller, venir (déférent)
MN	周辺	しゅうへん	alentours, environs
MV5	頂く	いただ・く	recevoir (déférent)
MN	疲れ	つか・れ	fatigue
MV5	運ぶ	はこ・ぶ	transporter
MVIrr.	改築する	かいちく・する	reconstruire, rénover
San	～ばかり		(Voir explications.)
MN	先程	さきほど	voici peu
MN	バス停	～てい	arrêt de bus
MQ	長い	なが・い	long
MV1	疲れる	つか・れる	être fatigué
MN	早速	さっそく	vite
MN	（お）風呂場	ふろば	salle de bains
MN	（お）湯	ゆ	eau chaude
MN	国	くに	pays
MV5	伺う	うかが・う	rendre visite, poser une question
MN	美術史	びじゅつし	histoire de l'art
Loc	一緒に	いっしょに	ensemble
MN	夕食	ゆうしょく	dîner
PI	どんな		quelle sorte de … ?
Loc	何でも	なん・でも	quoi que ce soit
MN	結構	けっこう	satisfaisant
MV5	知る	し・る	savoir
MN	（お）店	みせ	boutique, magasin, restaurant
MQ	よろしい		bien / bon (déférent)
K	あっ		ha !
MN	忘れ物	わす・れ・もの	objet oublié
MV1	忘れる	わす・れる	oublier
Loc	お待たせ致しました	お・ま・たせ・いた・しました	« Je vous ai fait attendre. »

MV5	致す	いた・す	faire (humble)
MV5	混む	こ・む	être encombré
San	〜みたい		comme (comparaison)
Pf	な(あ)		(Voir explications.)
San	〜かもしれない		il se pourrait que …
Loc	仕方がない	しかた・がない	« Il n'y a rien à faire. »
MN	席	せき	place
MV5	空く	あ・く	être libre (place)
Suf	〜よう		(expression de l'apparence, L7)
MN	本当	ほんとう	vrai
MN	（お）二人	ふたり	deux personnes
Suf	様	さま	le suffixe déférent 様 *sama* a donné le suffixe さん *san*
MN	飲み物	の・み・もの	boisson
MN	生ビール	なま〜	bière pression
MN	おすすめ		ce que l'on recommande
MN	かつお		bonite
MN	たたき		capilotade (de poisson)
MN	豆腐	とうふ	tōfu
MN	味噌漬け	みそづ・け	aliment conservé au miso
MN	海藻	かいそう	algue
MN	サラダ		salade
MN	漬物	つけもの	légumes en salaison
MN	盛り合わせ	も・り・あわせ	assortiment
Loc	とりあえず		quoi qu'il en soit
MVIrr.	承知する	しょうち・する	connaître, acquiescer
MN	窓際	まどぎわ	proximité de la fenêtre
MVCo	〜てある		(expression de l'état)
MN	緑色	みどりいろ	couleur verte
A	きっと		sans doute
MN	唐	とう	Chine (des Tang)
MN	時代	じだい	époque
MN	花瓶	かびん	vase
MN	複製	ふくせい	reproduction
MN	古代	こだい	haute époque
MN	特有	とくゆう	propre à, typique
MN	形	かたち	forme

MN	最近	さいきん	récemment
MN	（お）話	はなし	ici : (vos) paroles / histoire
Loc	勉強になる	べんきょう・になる	« C'est utile pour l'étude. »
MVIrr.	乾杯する	かんぱい・する	trinquer
MN/Loc	乾杯（！）	かんぱい	« A votre santé ! »

****

Modèles de tracés de kanji 14 :
Lectures *ON* en katakana, lectures *KUN* en hiragana

sens	lectures	ordre des traits
高 haut, élevé	コウ たか/たか（い） たか（まる） たか（める）	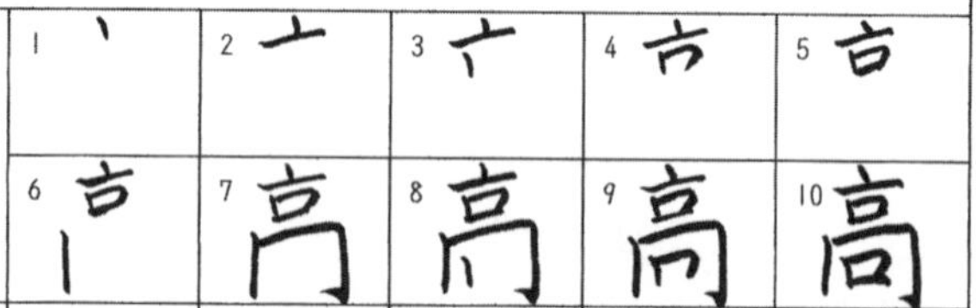
政 politique	セイ ジョウ まつりごと	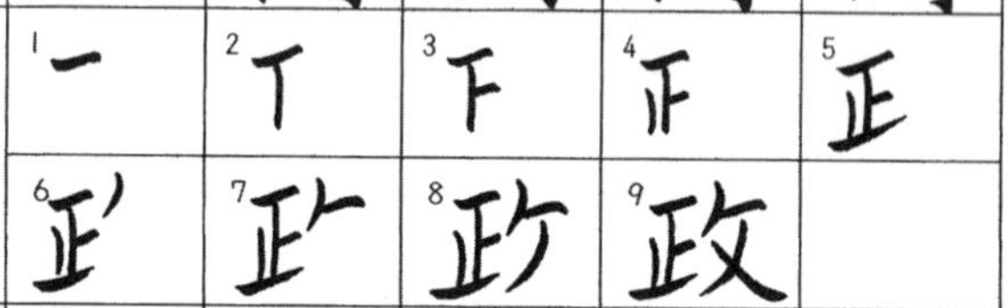
員 membre d'un groupe	イン	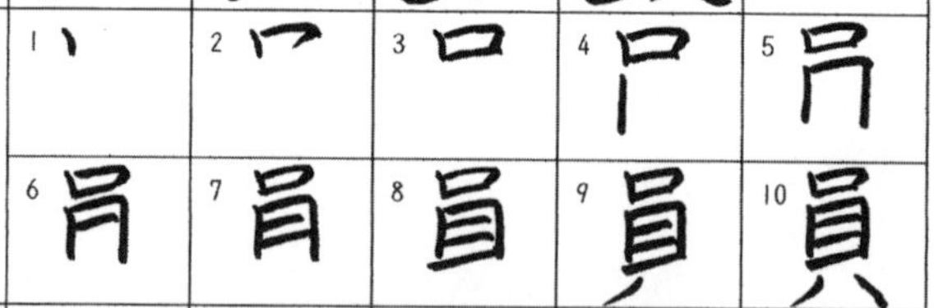
内 intérieur	ナイ / ダイ うち	
議 délibération	ギ	
自 soi	ジ みずか(ら)	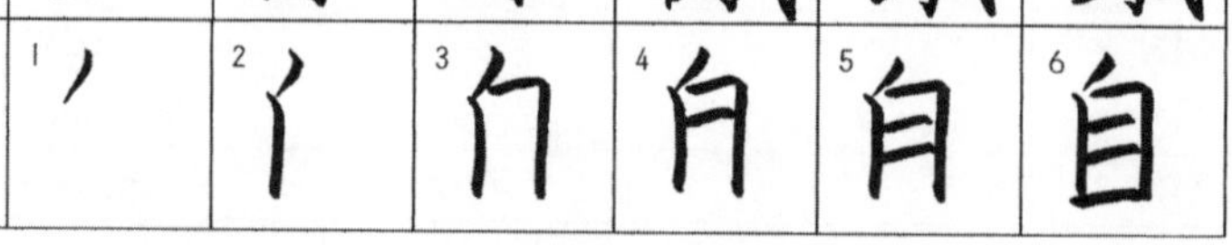

Kanji du texte de base / Lectures *ON* et *kun* / Sens / Quelques composés

kanji	lectures	sens	composés
戻	レイ もど・る もど・す	revenir, renvoyer remettre en place rétablir	払い戻す/はらいもどす (rembourser) 逆戻り/ぎゃくもどり (mouvement en arrière/de retour)
周	シュウ まわ・り	rotation, tour alentours	一周/いっしゅう (un tour) 円周/えんしゅう (circonférence) 100 周年/ひゃくしゅうねん (centième anniversaire)
辺	ヘン、べ あた・り	environs	海辺/うみべ (bord de la mer, plage) 辺地/へんち (région éloignée) 近辺/きんぺん (voisinage, proximité)
頂	チョウ いただき いただ・く	sommet tenir en haut recevoir	頂上/ちょうじょう (sommet, plus haut point) 頂点/ちょうてん (zénith, apogée, point culminant)
疲	ヒ つか・れる つか・らす	être fatigué fatiguer	疲労/ひろう (fatigue, épuisement) お疲れ様でした/おつかれさまでした (« Merci de votre peine ! »)
運	ウン はこ・ぶ	destin, sort transporter	運動/うんどう (exercice, mouvement) 運河/うんが (canal) 不運/ふうん (malchance, infortune)
改	カイ あらた・める あらた・まる	modifier se renouveler se modifier	改名/かいめい (changement de nom) 改良/かいりょう (amélioration, réforme) 改正/かいせい (modification, révision)
築	チク きず・く	construire, établir	新築/しんちく (construction neuve) 建築家/けんちくか (architecte) 建築/けんちく (architecture, construction)
程	テイ ほど	degré, mesure	程度/ていど (degré) 過程/かてい (processus)

停	テイ	arrêt	停止/ていし (suspension, arrêt) 調停/ちょうてい (médiation, arbitrage) 各駅停車/かくえきていしゃ ([train] omnibus)
長	チョウ なが・い	long, chef, tête	部長/ぶちょう (chef de section) 身長/しんちょう (taille [d'une personne]) 長い間/ながいあいだ (pendant longtemps)
足	ソク あし、た・す た・る／りる	pied, jambe suffire, ajouter	一足/いっそく (paire de chaussures) 一足/ひとあし (un pas) 足元に/あしもとに (à ses pieds)
速	ソク はや・い、はや・める、すみ・やか	rapide, prompt accélérer	速度/そくど (vitesse) 高速道路/こうそくどうろ (autoroute) 速達/そくたつ (exprès, lettre exprès)
場	ジョウ ば	espace, endroit siège	工場/こうじょう、こうば (usine) 場所/ばしょ (lieu, endroit) 相場/そうば (cours, prix courant)
湯	トウ ゆ	eau chaude	茶の湯/ちゃのゆ (cérémonie du thé) 湯船/ゆぶね (baignoire) 湯治/とうじ (cure thermale)
伺	シ うかが・う	rendre visite demander, écouter	進退伺い/しんたいうかがい (demande officieuse de démission) 伺いを立てる/うかがいをたてる (s'enquérir)
夕	セキ ゆう	soir	一夕/いっせき (un soir) 夕方/ゆうがた (soir) 七夕/たなばた (Fête des Etoiles)
取	シュ と・る	prendre	聞き取る/ききとる (percevoir, entendre) 取り上げる/とりあげる (prendre, adopter, confisquer)
結	ケツ むす・ぶ ゆ・う／わえる	lier porter (ses fruits) nouer, coiffer	結論/けつろん (conclusion) 結成/けっせい (formation, organisation)
構	コウ かま・う かま・える	bâtir, prendre une posture s'inquiéter s'occuper de	構成/こうせい (constitution, composition) 構想/こうそう (plan, conception) 心構え/こころがまえ (préparation mentale)

忘	ボウ わす・れる	oublier	度忘れ/どわすれ (défaut de mémoire) 忘年会/ぼうねんかい (banquet de fin d'année)
致	チ いた・す	faire, causer provoquer	合致/がっち (accord, conformité) 一致/いっち (accord, conformité) 致命傷/ちめいしょう (blessure mortelle)
混	コン ま・ぜる／ざる （こ・む）	mélanger être mélangé	混乱/こんらん (désordre, confusion) 混雑/こんざつ (encombrement) 混合/こんごう (mélange, composé)
席	セキ	siège, place	出席/しゅっせき (présence) 満席/まんせき (complet) 議席/ぎせき (siège [parlementaire])
空	クウ そら、から あ・ける／く	ciel, vide rendre / être libre	空気/くうき(air) 空車/くうしゃ (voiture vide/libre [taxi]) 大空/おおぞら (ciel, firmament)
当	トウ あ・てる あ・たる	toucher, destiner atteindre faire face	当時/とうじ (ce moment-là) 手当て/てあて (allocation, soins) 一人当たり/ひとりあたり (par personne / tête)
様	ヨウ さま	manière apparence M., Mme., Mlle	様子/ようす (situation, apparence) 同様/どうよう (identique) 神様/かみさま (Dieu) 多様/たよう (diversité, variété)
豆	トウ（ズ） まめ	pois, haricot miniature	大豆/だいず (soja) 小豆/あずき (petit haricot rouge) コーヒー豆/まめ (grain de café)
腐	フ くさ・る くさ・らす	pourrir, se gâter corroder corrompre	腐食/ふしょく (corrosion) 腐敗/ふはい (décomposition, pourriture) 腐心/ふしん(peine)
噌	ソ、ソウ、ショウ	bruyant	(Caractère très peu utilisé en dehors du composé *miso*. On trouve aussi la graphie 噌.)
漬	つ・ける つ・かる	faire tremper conserver au sel être trempé	漬物/つけもの (légumes de salaison) 塩漬/しおづけ (salaison)

藻	ソウ も	plante aquatique	藻草/もぐさ (plantes aquatiques) 海藻/かいそう (herbes marines, algues)
盛	セイ（ジョウ） さか・ん／る も・る	prospère, prospérer remplir, entasser	盛大/せいだい (apparat, splendide) 全盛/ぜんせい (sommet de la gloire) 花盛り/はなざかり (pleine floraison)
承	ショウ うけたまわ・る	entendre, recevoir	承認/しょうにん (approbation, confirmation) 伝承/でんしょう (transmission [d'une tradition])
窓	ソウ まど	fenêtre	窓口/まどぐち (guichet) 同窓生/どうそうせい (compagnon, camarade d'école) 車窓/しゃそう (fenêtre [dans un train])
際	サイ きわ	temps, occasion fin, bord	実際/じっさい (réalité) 交際/こうさい (fréquentation, rapport) 際立つ/きわだつ (apparaître avec relief)
緑	リョク（ロク） みどり	vert	新緑/しんりょく (feuillage naissant) 葉緑素/ようりょくそ (chlorophylle)
唐	トウ から	Tang (dynastie chinoise) Chine	唐突/とうとつ (soudain, brusque) 唐草模様/からくさもよう (arabesque) 遣唐使/けんとうし (envoyé à la cour des Tang)
代	ダイ、タイ か・わる／える よ、しろ	génération, âge prix, représenter remplacer	代理/だいり (représentation, agent) 世代/せだい (génération) ガス代/だい (prix d'abonnement au gaz)
花	カ はな	fleur	花屋/はなや (fleuriste) 生け花/いけばな (arrangement des fleurs)
瓶	ビン	bouteille	瓶詰/びんづめ (en bouteille) ビール瓶/びん (bouteille de bière) 鉄瓶/てつびん (bouilloire [en fonte])
複	フク	double, multiple composé de nouveau	複雑/ふくざつ (compliqué) 複数/ふくすう (pluriel) 重複/ちょうふく、じゅうふく (répétition, double emploi)

製	セイ	produire fabriquer	製品/せいひん (produit) 製作/せいさく (fabrication, production) 日本製/にほんせい (de fabrication japonaise)
特	トク	spécial	特別/とくべつ (spécial, exceptionnel) 特色/とくしょく (particularité) 独特/どくとく (original, unique) 特徴/とくちょう (caractéristique)
形	ケイ、ギョウ かたち、かた	forme	円形/えんけい (rond, circulaire) 正方形/せいほうけい (carré) 人形/にんぎょう (poupée, marionnette)
最	サイ もっと・も	le plus	最後/さいご (fin, dernier) 最大/さいだい (maximum, le plus grand) 最新/さいしん (nouveau, récent) 最高/さいこう (maximum, suprême)
勉	ベン	effort, application	勤勉/きんべん (application, diligence) 勉学/べんがく (application à l'étude) 勉強家/べんきょうか (travailleur, studieux)
強	キョウ、ゴウ つよ・い し・いる つよ・まる／める	fort, devenir fort fortifier, forcer	強力/きょうりょく (force, puissance) 強国/きょうこく (puissant pays) 強引に/ごういんに (de force)
乾	カン かわ・く かわ・かす	sécher	乾季/かんき (saison sèche) 乾電池/かんでんち (pile sèche) 乾物/かんぶつ (légumes secs, épicerie)
杯	ハイ さかずき	coupe (à sake)	祝杯/しゅくはい ([porter un] toast) 銀杯/ぎんぱい (coupe d'argent) 一杯/いっぱい (un/e verre/coupe, plein/e, beaucoup de …)

LEÇON 8 : Explications et commentaires

Cette dernière Leçon, dont le texte de base est plus développé, adopte la forme de dialogues où sont fréquentes les formes verbales dites “exaltantes” (vis-à-vis de l'interlocuteur ou d'un tiers) ou “humbles” (concernant le locuteur ou encore le groupe auquel il appartient).

Ce type de discours est marqué par : 1/ des formes verbales particulières : soit des variantes complexifiées, soit des formules qui impliquent un changement de lexique ; 2/ des flexions et fins de phrases marquées par un niveau de langue déférent ; 3/ une présence plus fréquente des préfixes honorifiques pour tout ce qui touche à un supérieur / un client.

Le synopsis étant celui du retour de Gil à son hôtel, le personnel doit respecter un niveau de langue déférent ainsi que Gil lui-même, quand il rencontre un professeur. Dans de telles situations, les niveaux de langue sont, par définition, plus marqués.

La présente Leçon, ainsi que la suivante, ne vous proposent pas d'exercices. Par contre, la Leçon 8 est suivie d'un tableau portant sur les MV de niveaux de langue dits “humbles” et “exaltants”. Il doit être entendu que c'est par l'emploi conjoint de ces deux types de MV que l'on atteint le niveau de politesse / honorifique le plus élevé.

Les particules で / へ / から / まで + の :

Les quatre premières particules marquant le lieu s'utilisent d'habitude suivies d'un MV. Parfois, celui-ci est passé sous silence et la particule の complète la liaison de déterminant à déterminé. Exemples :

パリからの飛行機 : L'avion (qui vient) de Paris (飛行機/ひこうき = avion)
マルセイユへのバス : Le bus pour Marseille
ホテルでの一泊 : Une nuit à l'hôtel

Locution お帰りなさいませ :

Cette formule est la plus déférente pour saluer une personne à son retour. En famille, on dira お帰りなさい ou, moins formel, お帰り.

どちら remplace どこ en plus déférent comme interrogatif du lieu.

Après そうでございますか qui remplace そうですか notez la présence à cinq reprises du préfixe honorifique お, justifiée par le fait que la personne chargée de l'accueil s'adresse à un client. (Cf. Col. 7 et suivantes.)

Forme でしょう de です :

La flexion en ō long qui marque le volitif / incitatif pour le mot verbal est marqueur du *probable* avec la copule. (Cf. Col. 7, 18, etc.)

Le factitif du mot verbal :

Morphologie

MV1 : à la racine, ajouter -させる
食べる→食べさせる/ faire manger, 着る→着させる/ faire s'habiller
MV5 : à la base en A, ajouter -せる
行く→行かせる/ faire aller, 読む→読ませる/ faire lire

N. B. : les mots verbaux ainsi obtenus sont tous des MV1 au plan morphologique.
Irréguliers : する devient させる, 来る devient 来させる（こさせる）

Emploi

La personne qui agit sous influence est marquée par la particule を, mais si l'objet de l'action est signalé, c'est l'objet qui doit être marqué par を, et l'agent se trouve marqué par に.

子供を勉強させる。 : Faire étudier l'enfant.

子供に英語を勉強させる。 : Faire étudier l'anglais à l'enfant.

Le sémantème annexe ばかり :

Ce mot peut revêtir plusieurs sens :

1/ Après un mot verbal au perfectif, il indique que l'action est récente :

このビルは先月できたばかりです。 : Ce bâtiment n'a été achevé que le mois dernier.

2/ Après un mot verbal en TE, il indique que l'action se fait de façon exclusive :

花子さんは遊んでばかりいる。 : Hanako ne fait que s'amuser.

(遊ぶ/ あそぶ = s'amuser)

3/ Après un mot nominal, il prend un aspect restrictif :

子供ばかりいる。 : Il n'y a que des enfants.

いらっしゃる comme auxiliaire :

Le mot verbal déférent いらっしゃる, comme いる, peut fonctionner comme auxiliaire. Il figure à ce titre dans les paroles de la personne chargée de l'accueil qui signale de façon diplomatique qu'un autre client se trouve dans les bains. (Tout établissement d'un certain niveau au Japon comporte une salle de bains collective. On se lave et on se rince à l'extérieur des bains, qui ont la taille de petites piscines.) Il figure également comme auxiliaire Col. 18 avant la syllabe ん (contraction de の) qui relève du style présentatif à sa forme interrogative.

La combinaison du factitif et du passif :

Morphologie

MV1 : à la racine, ajouter -させられる

食べる→食べさせられる, 着る→着させられる

MV5 : à la base en A, ajouter -せられる

行く→行かせられる, 読む→読ませられる

MVIrr. : する→させられる, 来る→来させられる（**こ**させられる）

Emploi

Cette combinaison implique toujours un aspect détrimental.

一時間も待たせられました。 : On m'a fait attendre une heure !

まずいものを食べさせられました。 : On m'a fait manger des choses mauvaises.

(まずい = mauvais, もの = chose concrète)

N. B. : la flexion ainsi obtenue du MV5 est parfois contractée :

行かせられる ikaserareru → 行かされる ika**sa**reru

読ませられる yomaserareru → 読まされる yoma**sa**reru

待たせられる mataserareru → 待たされる mata**sa**reru (cf. Col. 11)

La série こんな, そんな, あんな, どんな :

Les trois déterminatifs démonstratifs et l'interrogatif portent sur le type de chose :

こんな車 : Une voiture telle que celle-ci
そんな本 : Un livre comme celui-là
あんなパソコン : Un PC comme ça
どんな料理 : Quel type de cuisine ?

Les déterminants de cette série sont quelque peu dépréciatifs. Cette série est issue de このような de cette façon-ci, そのような de cette façon-là, あのような de cette façon-là (dépréciatif), どのような de quelle façon, posés devant un MN.

Avec un mot verbal, ces déterminants doivent être suivi de la particule に et non pas de な. Exemple : このように書きます。 : Cela s'écrit comme ceci.

Vous découvrirez d'autres séries plus longues commençant par les initiales -こ, -そ, -あ, -ど. Exemples :

こういうふうに/な de cette façon-ci, そういうふうに/な de cette façon-là,
こういうように/な de cette sorte-ci, そういうように/な de ce type / modèle-là ; etc, etc …

でも après un MN :

Dans cette position, y-compris après 何, でも marque un choix possible ou admissible.

何でも食べられます。 : Je peux manger de tout.
お茶でも飲みましょう。 : Et si l'on prenait le thé ...

N. B. 1 (Rappel) : で＋も peut servir à désigner un lieu où se déroule également une action, après un MN.

N. B. 2 : でも en début de phrase en langue parlée est une conjonction de coordination au sens de "mais".

Le concessif のに "bien que" :

Après un mot variable, la combinaison のに établit un rapport de concession. Après un mot invariable, il faut utiliser la forme なのに. Exemples :

寒いのに : Bien qu'il fasse froid (寒い/ さむい = faire froid / avoir froid)
学生なのに : Bien qu'il soit étudiant
行かないと言ったのに… : Alors qu'il a dit qu'il n'y allait pas…

La comparaison avec le mot みたい :

Ce sémantème annexe s'utilise souvent en conversation informelle après tout type de mots pour exprimer la comparaison, l'apparence ou la semblance.

誰かが戻ったみたい。 : Il semble que quelqu'un soit de retour.
(誰か/ だれか = quelqu'un)

N. B. : un interrogatif suivi de か donne l'idée d'indéterminé :

どこ où + か → どこか quelque part ;
だれ qui + か → だれか quelqu'un ;
いつ quand + か → いつか un jour.

La particule phatique な :

Cette particule finale, qui peut se prononcer avec un *ā* long, s'emploie quand on est submergé par l'émotion, la surprise, ou le regret.

Le sémantème かもしれない :

Cette suite de syllabes peut venir après tout type de mots, avec le sens "Il se peut que ... ". L'expression la plus courte est そうかもしれない。 : Il se peut que ce soit ça. Autres exemples :

田中さんも来るかもしれません : Il se peut que M. Tanaka vienne lui aussi.
その映画は面白いかもしれない : Il se peut que ce film soit intéressant.

Quelques mots de lexicographie ...

Le caractère 生 devant le mot pour la bière se prononce *nama*, avec le sens premier de "cru" ; dans le texte, il s'agit de la bière à la pression. Ce caractère peut être pris comme exemple de la complexité des prononciations. Il désigne fondamentalement le *vivant* et peut prendre un grand nombre de lectures différentes. En mot verbal, il peut se lire 生む *umu* (donner naissance), 生まれる *umareru* (être né), 生きる *ikiru* (vivre), 生える *haeru* (croître, pour les plantes), 生じる *shōjiru* (prendre naissance). Par ailleurs, il peut se lire *ki, shō, jō* et *sei* dans de multiples composés. Ce kanji est un exemple-type de graphème dont l'étude passe par celle de ses multiples composés.

Mot verbal en て + ある :

Un premier mot verbal à la forme en て peut être suivi du verbe ある, qui fonctionne comme auxiliaire. Le tout exprime l'état assumé.

何が書いてありますか。 : Qu'est-ce qui est écrit ?
パンならもう買ってあります。 : Pour ce qui est du pain, il est déjà acheté.

Un déterminant à plusieurs composants :

Col. 40, la virgule après 置いてある n'est pas absolument nécessaire. Le mot 物 étant déterminé par plusieurs déterminants, la virgule vient séparer les déterminants de syntaxe différente.

Graphies différentes pour un même mot : le cas de もの / 物

Col. 40, le kanji pour *chose* est utilisé pour insister sur le fait qu'il s'agit d'une chose concrète comme dans les composés 着物 (*kimono*, chose portée = vêtement) ou 食べ物 (*tabemono*, chose qui se mange = aliment) alors que Col. 42 et 43, le même mot est écrit en hiragana car il prend un sens plus général.

Mots verbaux dits “humbles” et “exaltants”

	MV de base	humble	exaltant
être	いる	おる	いらっしゃる*
aller	行く	参る（まいる）	いらっしゃる*
venir	来る		
faire	する	致す（いたす）	なさる
dire	言う	申す（もうす） 申し上げる（もうしあげる）	おっしゃる
voir	見る	拝見する（はいけんする）	ご覧になる （ごらんになる）
manger	食べる	いただく	召し上がる （めしあがる）
boire	飲む		
savoir	知る／ 知っている	存じる（ぞんじる）／ 存じている	ご存知です
rencontrer	会う	お目にかかる （おめにかかる）	お会いになる
entendre	聞く	伺う（うかがう） 承る（うけたまわる）	お聞きになる
demander	聞く 〔訊く(きく)〕 尋ねる （たずねる）	伺う	
dormir	寝る	――――――	お休みになる （おやすみになる）
donner	あげる	差し上げる（さしあげる）	――――――
recevoir	もらう	頂く（いただく）	――――――

* On peut entendre également お出でになる（おいでになる）.

1 / Tous ces mots verbaux doivent être utilisés à leur forme en –ます(sauf ご存知です).

2 / Sur la structure お会いになる se forment d’autres expressions ‘‘exaltantes’’ / honorifiques en faisant précéder la base connective (racine du MV1 ou base en i du MV5) du préfixe お, le tout étant suivi de –になる.

Ex. : お書きになりますか。 : Est-ce que vous écrivez ?
先生はお出かけになりました。 : Le professeur est sorti.

3 / Par ailleurs, la forme du passif, telle quelle, sert également à l’expression ‘‘exaltante’’ / honorifique ; cette forme est légèrement moins déférente que les autres.

Ex. : 先生がフランス語に訳された本 : Le livre que le professeur a traduit
先生は車を運転されますか。 : Madame / Monsieur le professeur, est-ce que vous conduisez ?

Quelques proverbes et dictons

諺/ことわざ

出る杭は打たれる／でるくいはうたれる

Le pieu qui dépasse reçoit le maillet

(出る／でる＝ici : dépasser, 杭／くい＝pieu, 打つ／うつ＝battre, ici au passif)

百聞は一見に如かず

ひゃくぶんはいっけんにしかず

Mieux vaut voir une fois qu'entendre cent fois

(百聞／ひゃくぶん＝écouter cent fois, 一見／いっけん＝voir une fois, 如く／しく＝être équivalent, lexique ancien au négatif)

塵も積もれば山となる

ちりもつもればやまとなる

Les petits ruisseaux font les grandes rivières

(La poussière qui s'accumule forme des montagnes)

(塵／ちり＝poussière, 積もる／つもる＝s'accumuler, 山／やま＝montagne, le と de となる à la même valeur que に)

LEÇON 9 Pour aller de l'avant …

Les étudiants qui auront assimilé la teneur des pages qui précèdent doivent se convaincre qu'ils ont bien avancé dans leur étude. Ils possèdent en effet les bases de la structure de la langue, en matière d'ordre des mots, du rôle des particules, et de la place dévolue au mot verbal dans la langue japonaise.

L'étudiant(e) sera avisé(e) de relire la totalité du présent manuel sous des angles différents. Il pourra par exemple prendre photocopie pour son usage personnel des textes de base de chaque Leçon, passer un produit blanchissant sur chaque particule, casuelle et autre (du thème, du cumul) du texte ; puis s'astreindre à compléter là où les particules ont été au préalable effacées, et enfin s'auto-corriger. La maîtrise des particules est en effet essentielle pour donner sens entre les mots.

Après ce premier exercice, ou parallèlement, l'étudiant serait avisé de tenter de retrouver, s'auto-corrigeant, le texte de base en langue japonaise à partir de la traduction donnée en fin de volume, en français, pour chaque texte. Au plan du lexique, l'étudiant aura intérêt à se constituer un index général à partir des termes français, car l'écriture répétée permet de fixer les connaissances. Au-delà, il est souhaitable de se constituer des fiches personnelles, en révisant le manuel, sur des sujets tels que :

1/ les particules casuelles (une fiche par particule avec exemples) ; les particules du thème et du cumul et leurs combinaisons avec d'autres particules (plusieurs fiches, illustrées d'exemples).

2/ des problématiques telles que (exemples non limitatifs) :

2a/ "et" en japonais. Il n'y a rien de plus simple et pratique que le *et* du français ou le *and* de l'anglais, alors que le problème est plus compliqué en japonais : énumération ou conjonction - mais entre quels types de mots ou de propositions ? Quand faut-il utiliser le suspensif-connectif ?

2b/ les diverses façons de rendre notre conditionnel …

3/ le mot verbal : quelles sont sa place et sa forme dans le déroulement de la phrase, et donc quelle est sa fonction ? Si c'est une forme en TE, il faut savoir à quelle autre forme elle renvoie, car il s'agit forcément de connectif, éventuellement suspensif ! Une forme courte avant un mot nominal implique qu'il s'agit d'une fonction déterminante. Se lancer dans la traduction sans avoir fait l'analyse de base, avec une langue qui ne possède pas de pronoms relatifs et connecte les verbes par la forme en –TE par-dessus leurs compléments respectifs, peut vite aboutir à ne rien comprendre, à strictement parler.

4/ le système d'écriture demeure l'objet de toutes les appréhensions et inhibitions ; parfois, devant une longue phrase de journal comportant beaucoup de kanji, un étudiant même avancé perd pied, y-compris au plan de l'analyse de la structure, alors même que celle-ci passe par l'attention qu'il faut accorder aux hiragana, lesquels transcrivent ce qui a trait aux rapports des mots entre eux : particules, conjonctions, flexions. Autant dire qu'il faut relativiser la difficulté – réelle –, en étalant l'étude, de façon régulière, dans le temps. Certes, il n'y a pas de fin à l'étude des kanji. (Les patronymes et toponymes constituent parfois autant de redoutables difficultés de lecture.) Mais vous qui avez étudié le présent manuel êtes déjà en mesure de comprendre certaines lignes ou colonnes du journal …

La présente Leçon, et dernier chapitre, a pour objet de vous guider pour la suite de votre étude. Elle est composée de différentes sections articulées autour de remarques diverses qui ont toutes leur importance pour l'étudiant qui souhaite poursuivre l'étude de la langue japonaise. Compte-tenu de son rôle, la partie consacrée au mot verbal est plus importante que les autres.

I. Compléments sur le mot verbal

Le mot verbal japonais a bien peu à voir avec le verbe de la langue française, comme on le sait. Il ne se conjugue pas et revêt des fonctions différentes selon sa position, notamment en déterminant devant un mot nominal. Il faut retenir que le mot verbal entre dans quantité de locutions très fréquentes, dont une liste non limitative figure ci-après. Très souvent, la forme verbale en TE peut être suivie de WA ou de NO ; elle vient après un nominal suivi de NI. Veuillez étudier les exemples suivants, dont beaucoup ne font pas appel au verbe lors de la traduction en langue française.

Le mot verbal : Locutions verbales

1. ～について　Au sujet de

(1)その問題について（は）どう思いますか。Que pensez-vous de ce problème ?

(2)国際援助についての政府の立場

La position du gouvernement au sujet de l'aide internationale

[問題/もんだい = problème,　国際援助/こくさいえんじょ =aide internationale,　政府/せいふ = gouvernement,　立場/たちば = position]

2. ～にとって　Pour (intellectuellement parlant)

(1)ジャンさんにとって、仕事とレジャーとどちらが大切ですか。

Pour vous Jean, qu'est ce qui est le plus important du travail et des loisirs ?

(2)アメリカ政府にとっては、それは大きな問題です。

Cela est un gros problème pour le gouvernement américain.

[大切/たいせつ = important,　レジャー = les loisirs]

3. ～に関して（～にかんして）　En rapport à

(1)この事故に関して、まだ詳しい情報はありません。

Concernant cet accident, nous n'avons pas encore d'informations précises.

(2)その件に関しては、政府はコメントを避けている。

Pour ce qui est de cette affaire, le gouvernement s'abstient de commenter.

[事故/じこ = accident,　詳しい/くわしい = précis,　情報/じょうほう = information,　件/けん = affaire,　コメント = commentaire,　避ける/さける = s'abstenir]

4. ～によって／によると　Selon / D'après

(1)場合によっては講演が延期になることもあります。

Selon les circonstances, il est possible que la conférence soit reportée.

(2)今朝の新聞によると、日本の外務大臣は来週フランスに来るらしい。

D'après le journal de ce matin, le Ministre des Affaires Etrangères du Japon viendrait en France la semaine prochaine.

[場合/ばあい = cas / circonstances,　講演/こうえん = conférence,　延期/えんき = report,　今朝/けさ = ce matin,　外務大臣/がいむだいじん = Ministre des Affaires Etrangères,　来週/らいしゅう = la semaine prochaine]

5. ～に対して（～にたいして）　Vis-à-vis de

(1)目上の人に対しては、敬語を使わなければならない。

Il faut utiliser les expressions de politesse vis-à-vis d'un supérieur.

(2)この問題に対しての政府の対応策は不十分だった。

Les mesures prises par le gouvernement quant à ce problème ont été insuffisantes.

[目上の人/めうえのひと = supérieur,　敬語/けいご = expression de politesse,　対応策/たいおうさく = mesures,　不十分/ふじゅうぶん = insuffisant]

6. ～にもかかわらず　En dépit du fait que

(1)土地の値段が上がっているにもかかわらず、アパートはよく売れています。

En dépit du fait que le prix du terrain augmente, les appartements se vendent bien.

(2)夏休みであるにもかかわらず、橋本さんは毎日会社に行っている。

Bien que ce soit les vacances d'été, Hashimoto va à la société tous les jours.

[土地/とち =terrain, 値段/ねだん =prix, 上がる/あがる =augmenter, アパート =appartement de qualité moyenne]

7. ～として／とする En tant que / Poser que

(1)来年交換留学生として日本へ行くことになった。

Il est entendu que j'irai au Japon l'an prochain en tant qu'étudiant d'échange.

(2)利息が年 3.8%だとすれば、非常に良いですね。

Si l'intérêt est de 3,8% par an, c'est vraiment très bien.

[交換/こうかん =échange, 利息/りそく =intérêt, 非常に/ひじょうに =extrêmement]

8. ～に違いない（～にちがいない） Il ne fait aucun doute

(1)これは先生のコートに違いありません。

Il ne fait aucun doute que c'est le manteau du professeur.

(2)母の乗った電車は、もう着いているに違いない。[着く/つく =arriver]

Il ne fait pas de doute que le train qu'a emprunté ma mère est déjà arrivé.

9. ～に限らず（～にかぎらず）／限って（かぎって） Sans se limiter à / limiter à

(1)この映画は子供に限らず大人でも楽しめます。

Ce film peut être apprécié non seulement des enfants, mais aussi des adultes.

(2)忙しい時に限って、電話がよく鳴る。

Il faut que ce soit quand je suis occupé que le téléphone ne cesse de sonner.

[大人/おとな =adulte, 楽しむ/たのしむ =apprécier, se réjouir]

10. ～に従って（～にしたがって） En suivant / Conformément / Avec

(1)携帯電話の普及に従って、公衆電話の数が減った。

Avec la diffusion du téléphone portable, le nombre de téléphones publics a baissé.

(2)地震の時は消防士の指示に従って行動してください。

En cas de tremblement de terre, agissez conformément aux directives des pompiers.

[普及/ふきゅう =diffusion, 公衆/こうしゅう =public, 数/かず =nombre, 減る/へる =diminuer, 地震/じしん =tremblement de terre, 消防士/しょうぼうし =pompier, 指示/しじ =directive, 行動する/こうどうする =agir]

11. ～に過ぎない（～にすぎない） Ce n'est rien d'autre

(1)私が習った漢字の数は、常用漢字の三割に過ぎない。

Le nombre de kanji que j'ai appris ne dépasse pas 30% des Jōyōkanji.

(2)この政治家の今回の演説は、これまでと同じ事を繰り返しているに過ぎない。

Le dernier discours de cet homme politique n'est rien d'autre que la répétition à l'identique de ce qu'il a dit jusqu'à présent.

[習う/ならう = apprendre, 三割/さんわり = trente pourcents, 政治家/せいじか = homme politique, 今回/こんかい = cette fois, 演説/えんぜつ = discours, 事/こと = fait, événement (le mot *koto* n'est pas un mot-outil dans ce contexte), 繰り返す/くりかえす = répéter]

12. 〜と言えば Quand on parle de

(1)プロヴァンス料理と言えば、すぐ思い浮かぶのがアイオリです。

Quand on parle de cuisine provençale, ce qui me vient aussitôt à l'esprit, c'est l'aioli.

(2)試験と言えば、この前の日本語能力試験の結果はどうでしたか。

En parlant d'examen, quels sont tes résultats au récent test d'aptitude en japonais ?

[思い浮かぶ/おもいうかぶ = venir à l'esprit, 能力/のうりょく = aptitude, 結果/けっか = résultat]

Le mot verbal : Mots verbaux composés

Compte-tenu de la fréquence et de la diversité des formes, deux cas doivent être différenciés :

A. Rappel : un premier mot verbal apparaît à la forme en TE, suivie d'un auxiliaire :

- MV en て + いる = duratif
- MV en て + おく = action faite en prévision d'une autre
- MV en て + ある = état assumé
- MV en て + しまう = fin de l'action, souvent involontaire
- MV en て + くれる / もらう, くださる / いただく ou あげる = l'auxiliaire indique au bénéfice de qui se fait l'action
- MV en て + ほしい = le locuteur souhaite que l'action du MV qui précède se fasse à son profit (ほしい est un MQ) ; etc …

B. Un premier MV à sa base en i (MV5) ou à sa racine (MV1) est immédiatement suivi d'un autre MV ; on se trouve alors devant un nouveau composé :

書く + 始める = 書き始める commencer à écrire

歌う + 出す = 歌いだす se mettre à chanter

読む + 終わる = 読み終わる finir de lire

飛ぶ（とぶ, voler）+ 込む（こむ, être encombré）= 飛び込む（とびこむ） plonger

A cette construction se rattachent quelques mots composés réunissant un MV et un MQ, notamment にくい (difficile à) ou かたい／がたい (difficile à) et やすい (facile à) :

分かる ＋ にくい ＝ 分かりにくい difficile à comprendre

信じる（しんじる, croire）＋ かたい ＝ 信じがたい difficile à croire

ある ＋ かたい ＝ ありがたい appréciable (qui a donné ありがとう, flexion en ō appelée par la présence de ございます)

飲む ＋ やすい ＝ 飲みやすい facile / agréable à boire ; etc …

Le mot verbal : suspensif-connectif du négatif

On rencontre deux structures :

A. Une première proposition prend fin sur なくて, dérivation de ない au suspensif, et donne le plus souvent à ce qui précède le caractère de la cause de ce qui suit.

お金がなくて行くことができなかった。:

N'ayant pas d'argent, je n'ai pas pu y aller.

先生の話が分からなくて困りました。:

Je n'ai pas compris ce qu'a dit le professeur et j'étais bien ennuyé.

[困る/こまる= être en difficulté]

B. Un premier groupe se termine sur ないで, dérivation de ない au connectif, et se rend en français par “sans”.

何も買わないで来ました。: Je suis venu sans rien acheter.

ないで peut alors être remplacé par ず, le plus souvent suivi de に ; ず est une survivance fréquente de négatif ancien :

何も買わずに来ました。: Je suis venu sans rien acheter.

Le mot verbal : “pour” en japonais

A. La structure la plus fréquente consiste à faire suivre le MV qui marque l'objectif de la combinaison には ou のには.

パソコンを買う（の）にはどこへ行けばいいですか。:

Où faut-il que j'aille pour acheter un PC ?

エクスへ行く（の）にはどうすればいいですか。:

Comment faire pour aller à Aix ?

B. La structure MV ように MV est également fréquente.

来年日本へ行けるようにアルバイトをします。:

Je fais un petit boulot pour pouvoir aller au Japon l'an prochain.

C. Autre solution, d'emploi moins fréquent.

Le mot-outil ため, en déterminé, sert également à traduire les idées de "bien, bénéfice, avantage, profit, aide, intérêt, raison, but, motif".

勉強をするためにここに来たのです。:

Je suis venu ici pour faire des études (et non pour les loisirs ...).

On rencontre également la structure MN のために/の ; etc ...

N. B. 1 (Rappel) : のに après un MV peut exprimer également un concessif ; le contexte est là pour éclaircir le sens.

N. B. 2 : "pour" en français peut revêtir d'autre sens que la finalité. Attention, là-aussi, au contexte. Quelques exemples :

pour moi (à mon avis) : 私にとって

pour moi (en tant que) : 私としては

pour moi (à ma place) : 私の代わり（かわり）に

pour la forme : 形式上（けいしきじょう）

pour son âge il est grand : 年（とし）の割（わり）には背が高い ; etc ...

II. Le mot variable + suffixe そう (apparence ou ouï-dire)

A. Expression de l'apparence

Outre les mots らしい (L7) et みたい (L8), le suffixe sō peut intervenir après un mot variable pour exprimer l'apparence / la semblance.

Avec un MV1, le suffixe そう intervient aussitôt après la racine ; avec un MV5, après la base en i ; après un MQ, le suffixe élimine le i final ; après un QI, le suffixe intervient aussitôt.

行けそうです。: Cela paraît possible d'y aller / de se faire.

(Notez : 行けそうもない。: Cela paraît impossible (aller/se faire)).

高そうです。: Cela paraît cher.

おいしそうです。: Cela paraît délicieux.

N. B. : attention aux deux formes irrégulières :

ない donne なさそうです : Il semble ne pas y en avoir.

いい donne 良(よ)さそうです。: Cela semble correct / bon.

B. Expression du ouï-dire

Après un mot variable *à sa forme courte*, le suffixe そう apporte la nuance de la relation, du ouï-dire ("On dit que …").

高いそうです。: Il paraît que cela est cher.

高かったそうです。: Il paraît que cela était cher.

田中さんはロンドンへ行くそうです。: Il paraît que M. Tanaka va à Londres.

先生だそうです。: Il paraît que c'est un / le professeur.

(Tout dépend donc, pour le sens du suffixe そう, de la forme du mot qui précède.)

III. Conjonctions de coordination

En début de phrase peuvent figurer un certain nombre de conjonctions telles que :

しかし : mais / pourtant // でも : mais / quand-même (non soutenu) // だけど : mais tu sais / mais vous savez (non soutenu) // そして : et alors / ensuite // それから : après cela / et ensuite // それで : et alors / avec cela / alors // それでは : eh bien / dans ces conditions // それなら : en ce cas / s'il en est ainsi // ところで : cependant / et pourtant // なぜ : pourquoi ; etc…

あの（あのう）… ou あのね… sont des interjections entendues quand le locuteur hésite sur l'emploi des mots ou sur ce qu'il a à dire. S'entend avec le même sens : ええっと…

On trouve également en tête de phrase des locutions telles que :

実は（じつは）: en fait // その上（そのうえ）: et là-dessus // すなわち : autrement dit // つまり: après tout, en un mot // 要するに（ようするに）: en bref // 結局（けっきょく）: enfin, en fin de compte // 例えば（たとえば）: par exemple // どうして : pourquoi, comment se fait-il // もしもし : s'utilise pour appeler quelqu'un que l'on ne connaît pas ; "Allo" au téléphone, etc …

IV. Les désignatifs personnels

L'éventail des ressources est plus vaste que celui qu'offrent les pronoms en français. Il faut se méfier des diverses nuances attachées aux désignatifs personnels japonais et, dans une première étape, ne les retenir que pour l'oreille.

A. Pour se désigner soi-même on connaît déjà こちら et 私（わたくし）, formels. わたし est moins formel ; あたし féminin. 僕（ぼく） et 俺（おれ） revêtent une nuance individualiste et sont massivement plus utilisés par les garçons et les hommes .

自分（じぶん）signifie d'abord "moi-même" ou "soi-même", mais peut s'entendre avec le sens de "je".

B. Pour désigner l'interlocuteur, la première règle est d'utiliser le nom de famille ou le titre suivi du suffixe さん. (Ne pas oublier par ailleurs le rôle du mot verbal : lexique "exaltant" concernant autrui ; "humble" pour ce qui relève de soi.) そちら, est poli et neutre – c'est le pendant de こちら. Ne pas croire enfin que あなた est "vous" et きみ "tu". Il faut donc se méfier. あなた est fréquemment utilisé par une femme à l'attention de son mari ou de son ami. 君（きみ） est réservé à une personne d'âge inférieur. おたく (suivi ou non de 様（さま） ou de さん) est réservé plutôt à un échange en affaires.

C. Pour désigner un tiers, on pourra utiliser ce qui a été dit en premier au sujet de l'interlocuteur. On peut également utiliser le mot 方（かた） (niveau de langue soutenu) ou le mot 人（ひと） (non soutenu) : その方 est plus poli que その人 ("cette personne"). Il existe par ailleurs 彼（かれ） pour "il" et 彼女（かのじょ） pour "elle", qui comportent une nuance de familiarité.

N. B. : noter enfin qu'il existe des indices de pluriel utilisables avec les désignatifs personnels :

- 〜達（たち）est neutre / soutenu : 私達 : "nous" // 私ども est humble.
- 我々（われわれ）signifie également "nous", marqué par le sens d'appartenance au groupe.
- 〜ら comporte une nuance de familiarité : 彼等（かれら）= ils / eux.

V. Onomatopées et "impressifs"

Il existe quantité d'onomatopées en langue japonaise, fréquentes dans la langue parlée comme dans la langue écrite. Certains dictionnaires sont consacrés à ce seul sujet. On ne peut, ici, accorder trop de place à cette question. Sachez, par exemple, que s'il pleuviote, la pluie sera définie par しとしと ; que si les gouttes sont moyennement espacées on dira ぽつぽつ ; que s'il pleut des cordes, ce sera ざあざあ. (Ceci pour les onomatopées, innombrables, qui peuvent être aussi écrites en katakana.)

Il existe par ailleurs des mots qui, comme les onomatopées, sont formés de la répétition de plusieurs syllabes, mais qui ne servent pas à transcrire une impression de bruit, mais plutôt une impression quant à la manière dont se fait une action. Les onomatopées sont dites 擬声語（ぎせいご）, où 擬声 signifie "qui démarque le son" ; les impressifs sont dits 擬態語（ぎたいご）, où 擬態 signifie "qui démarque l'attitude". しゃなりしゃなり dénote une démarche déhanchée, "chaloupée".

Certains de ces mots peuvent être utilisés en mot verbal ; exemple : ぐずぐずする, hésiter. Au plan syntaxique, ces mots fonctionnent comme des adverbes, soit avec la particule と soit avec la particule に, soit directement avant le mot verbal.

VI. Les abréviations

Les abréviations constituent une difficulté particulière en langue japonaise pour ce qui concerne notamment les noms de pays. En effet, avant d'être écrits en katakana, les noms de pays ou de continents ont été écrits en kanji. Il reste des traces de ce système dans la langue d'aujourd'hui, où un seul kanji, pour ses seules qualités phonétiques, peut désigner un pays. C'est ainsi que le caractère pour le Bouddhisme peut désigner, dans certains composés, la France, du fait que le kanji pour le Bouddhisme peut se prononcer ぶつ et ふつ. (仏蘭西 fut la graphie longtemps utilisée pour フランス.)
Le Japon, pour sa part, ayant été appelé 大和（やまと）, le caractère 和 sert, à lui seul, à désigner ce qui est typiquement japonais au plan culturel. Exemples divers :

和食（わしょく） : nourriture japonaise // 和室（わしつ） : chambre à la japonaise // 和仏辞典（わふつじてん） : dictionnaire japonais-français
日仏学院（にちふつがくいん） : Institut Franco-Japonais // 日独（にちどく） : Nippo-Allemand // 米中関係（べいちゅうかんけい） : Rapports Sino-Américains // 欧米（おうべい） : Europe et Amérique, etc …

VII. Notes sur les graphies anciennes

Le système d'écriture de la langue japonaise a fait l'objet de simplifications après la Seconde Guerre mondiale. Cela signifie que tout texte antérieur présente des variantes graphiques par rapport aux normes d'aujourd'hui. C'est ainsi que les œuvres de Natsume Sōseki (1867-1916) se présentent sous des versions différentes selon la date d'édition et/ou le public auquel elles sont destinées. Ces versions font apparaître : 1/ certains kanji qui ne sont plus utilisés (pour des mot-outils par exemple) ; 2/ des graphies anciennes pour certains kanji (旧字体/きゅうじたい) ; 3/ des graphies anciennes pour certains kana (旧仮名遣い/きゅうかなづかい). Exemples :

会ふ pour 会う // ゐる pour いる // けふ pour きょう（今日）

Seuls de bons dictionnaires unilingues peuvent permettre d'assimiler cette problématique. Il est à noter que l'on rencontre dans le Japon d'aujourd'hui des articles de revues ou des ouvrages qui font appel, selon le souhait de leurs auteurs, aux graphies anciennes. Ce type de textes exige un effort particulier d'adaptation.

VIII. Les translittérations

Les transcriptions (rōmaji) utilisées dans le présent manuel sont celles du système Hepburn (ヘボン式/しき) modifié, le plus souvent utilisées à l'échelle mondiale, y-compris au Japon. Il se trouve cependant qu'un autre système est parfois utilisé au Japon, dans certaines publications, notamment dans les catalogues des bibliothèques. Selon ce système, dit Kunrei (訓令式/くんれいしき), *Fuji* s'écrit *Huzi*. On trouvera ci-après entre crochets les translittérations du système Kunrei qui diffèrent de celles du système Hepburn :

shi [si] // sha [sya] // shu [syu] // sho [syo] // chi [ti] // tsu [tu] // cha [tya] // chu [tyu] // cho [tyo] // fu [hu] // ji [zi] // ja [zya] // ju [zyu] // jo [zyo] //

IX. Quelques autres mots-outils et suffixes

Un manuel de première année ne peut pas faire la liste de tous les mots outils et suffixes. En voici quelques uns, fréquents, et donc à retenir dès maintenant. Notez les mots nominaux suivants qui s'utilisent en déterminé. Les phrases les plus courtes font précéder ces mots de その et les font suivre de です :

そのはずです。: Ce doit être ainsi (par déduction).

そのままです。: Cela n'a pas changé d'état.

Autres exemples :

田中さんはいるはずです。彼のコートがそこにあるのだから。:

M. Tanaka doit être ici. Puisque son manteau est là !

靴（くつ）のまま入ってください。:

Entrez avec vos chaussures aux pieds / sans vous déchausser.

そのままにしておいてください。: Laissez les choses comme elles sont, je vous prie.

Quelques suffixes :

べき se joint à la forme du dictionnaire du MV pour signaler une obligation d'ordre supérieur.

日本に行ったら日本語を話すべきです。:

Si vous allez au Japon, vous devez parler japonais.

Le suffixe du désidératif ～たい prend la forme ～たがる quand le propos porte sur le désir d'un tiers. (～たい étant très marqué par la subjectivité, il ne sert que pour exprimer le désir du locuteur.)

マリーさんは日本へ行きたがっています。: Marie voudrait aller au Japon.

ジルさんはなぜ京都へ行きたがるんですか。:

Pourquoi est-ce que Gil désire aller à Kyōto ?

X. Les fins de phrases … Phatiques et autres

En langage parlé rapide et informel, vous devez faire la part des choses en ce qui concerne les particules phatiques finales, qui ajoutent une part d'émotion au discours. Vous connaissez déjà ね et よ. Il existe également :

わ, exclamatif, plus fréquent dans le langage féminin. きれいだわ！ : Que c'est beau !

なあ, exclamatif déploratoire, en discours familier. 遅い（おそい）なあ！ : Qu'est-ce qu'il est en retard ! / Comme il est tard !

(A ne pas confondre avec un impératif négatif court et brutal, qui vient après une forme verbale du dictionnaire : 行くな！ : « N'y va pas ! »)

L'auto-interrogation ("Je me demande …") passe très souvent par l'emploi de la particule finale かな(あ) : 田中さんはどこにいるかなあ。:

M./Mme. Tanaka, je me demande où il/elle est …

A la place et au même effet que かな(あ), on entend, surtout dans le discours féminin, かしら : 今日はジルさん留守（るす）かしら。:

Est-ce que Gil serait absent de chez lui aujourd'hui … ?

さ, par ailleurs, remplit le même rôle que よ, mais est franchement familier, parfois vulgaire.

Ce qui suit ne concerne pas le pathos mais a trait au style familier en langue parlée : d'une part on peut entendre un の final qui constitue l'ellipse de のですか, notamment après un MV ou un MQ. Exemple : 行くの？ : Tu y vas ? 寒いの？ : Tu as froid ?

Plus fréquent dans le discours féminin que masculin, on pourra entendre なの après un MN ou un QI au même effet. D'autre part, il faut savoir que le discours rapporté/ouï-dire peut également passer par l'emploi de って après un conclusif :

ヤンさん行かないって。: Yan dit qu'il n'y va pas.

今晩雨が降るって。: On dit qu'il va pleuvoir ce soir.

(Ce って joue le rôle de と言った = [quelqu'un a] dit que.)

On peut par ailleurs entendre って après un MN, auquel cas il a la valeur de というのは, en langage familier :

フランス人ってよくジェスチャーするよね。:

Les Français font beaucoup de gestes, hein !

Annexes

Les chiffres / nombres

0	ゼロ／れい	500	ごひゃく
1	いち	600	ろっぴゃく
2	に	700	ななひゃく
3	さん	800	はっぴゃく
4	よん／し	900	きゅうひゃく
5	ご	1 000	せん
6	ろく	2 000	にせん
7	なな／しち	3 000	さんぜん
8	はち	4 000	よんせん
9	きゅう	5 000	ごせん
10	じゅう	6 000	ろくせん
11	じゅういち	7 000	ななせん
12	じゅうに	8 000	はっせん
13	じゅうさん	9 000	きゅうせん
14	じゅうよん／じゅうし	10 000	いちまん
15	じゅうご	20 000	にまん
16	じゅうろく	30 000	さんまん
17	じゅうなな／じゅうしち	40 000	よんまん
18	じゅうはち	50 000	ごまん
19	じゅうきゅう／じゅうく	60 000	ろくまん
20	にじゅう	70 000	ななまん
30	さんじゅう	80 000	はちまん
40	よんじゅう	90 000	きゅうまん
50	ごじゅう	100 000	じゅうまん
60	ろくじゅう	1 000 000	ひゃくまん
70	ななじゅう	10 000 000	いっせんまん
80	はちじゅう	100 000 000	いちおく
90	きゅうじゅう	0,1	れいてんいち
100	ひゃく	0,12	れいてんいち**にい**
200	にひゃく	1/2	にぶんのいち
300	さんびゃく	2/3	さんぶんのに
400	よんひゃく	3/5	ごぶんのさん

L’expression de l’heure

Les heures		
一時　/　１時	いちじ	1 heure
二時　/　２時	にじ	2 heures
三時　/　３時	さんじ	3 heures
四時　/　４時	よじ	4 heures
五時　/　５時	ごじ	5 heures
六時　/　６時	ろくじ	6 heures
七時　/　７時	しちじ	7 heures
八時　/　８時	はちじ	8 heures
九時　/　９時	くじ	9 heures
十時　/　１０時	じゅうじ	10 heures
十一時 /　１１時	じゅういちじ	11 heures
十二時 /　１２時	じゅうにじ	12 heures
何時	**なんじ**	**quelle heure**

半	はん	demie
前	まえ	moins…
過ぎ	すぎ	…passé
午前	ごぜん	matinée
正午 / お昼	しょうご / おひる	midi
午後	ごご	après-midi

Exemples :		
四時半	よじはん	quatre heures et demie
七時五分前	しちじごふんまえ	sept heures moins cinq
九時十五分前	くじじゅうごふんまえ	neuf heures moins le quart
十時過ぎ	じゅうじすぎ	dix heures passées
午前二時	ごぜんにじ	deux heures du matin
午後六時	ごごろくじ	six heures de l’après-midi

Les minutes		
一分　/　1分	いっぷん	1 minute
二分　/　2分	にふん	2 minutes
三分　/　3分	さんぷん	3 minutes
四分　/　4分	よんぷん	4 minutes
五分　/　5分	ごふん	5 minutes
六分　/　6分	ろっぷん	6 minutes
七分　/　7分	ななふん	7 minutes
八分　/　8分	はっぷん / はちふん	8 minutes
九分　/　9分	きゅうふん	9 minutes
十分　/　10分	じゅっぷん/ じっぷん	10 minutes
十一分　/　11分	じゅういっぷん	11 minutes
十二分　/　12分	じゅうにふん	12 minutes
十三分　/　13分	じゅうさんぷん	13 minutes
十四分　/　14分	じゅうよんぷん	14 minutes
十五分　/　15分	じゅうごふん	15 minutes
十六分　/　16分	じゅうろっぷん	16 minutes
十七分　/　17分	じゅうななふん	17 minutes
十八分　/　18分	じゅうはっぷん / じゅうはちふん	18 minutes
十九分　/　19分	じゅうきゅうふん	19 minutes
二十分　/　20分	にじゅっぷん	20 minutes
三十分　/　30分	さんじゅっぷん	30 minutes
四十分　/　40分	よんじゅっぷん	40 minutes
五十分　/　50分	ごじゅっぷん	50 minutes
何分	**なんぷん**	**combien de minutes**

Les jours de la semaine

月曜日	げつようび	lundi
火曜日	かようび	mardi
水曜日	すいようび	mercredi
木曜日	もくようび	jeudi
金曜日	きんようび	vendredi
土曜日	どようび	samedi
日曜日	にちようび	dimanche
何曜日	**なんようび**	**quel jour de la semaine**

Les jours / semaines / mois / années / matins / soirs

Les jours		
一昨日	おととい（いっさくじつ）	avant-hier
昨日	きのう（さくじつ）	hier
今日	きょう	aujourd'hui
明日	あした/あす（みょうにち）	demain
明後日	あさって（みょうごにち）	après-demain
毎日	まいにち	tous les jours

Les semaines		
先々週	せんせんしゅう	il y a deux semaines
先週	せんしゅう	la semaine dernière
今週	こんしゅう	cette semaine
来週	らいしゅう	la semaine prochaine
再来週	さらいしゅう	dans deux semaines
毎週	まいしゅう	toutes les semaines

Les mois		
先々月	せんせんげつ	il y a deux mois
先月	せんげつ	le mois dernier
今月	こんげつ	ce mois
来月	らいげつ	le mois prochain
再来月	さらいげつ	dans deux mois
毎月	まいつき	tous les mois

Les années		
一昨年	おととし（いっさくねん）	il y a deux ans
去年	きょねん	l'année dernière
昨年	（さくねん）	
今年	ことし	cette année
来年	らいねん	l'année prochaine
再来年	さらいねん	dans deux ans
毎年	まいとし/まいねん	tous les ans

N. B. : les lectures entre parenthèses pour les jours et les années relèvent d'un niveau de langue beaucoup plus formel.

Les matins		
昨日の朝	きのうのあさ	hier matin
朝	あさ	matin
今朝	けさ	ce matin
明日の朝	あしたのあさ/あすのあさ	demain matin
毎朝	まいあさ	tous les matins

Les soirs		
昨日の晩	きのうのばん	hier soir
晩	ばん	soir
今晩	こんばん	ce soir
明日の晩	あしたのばん/あすのばん	demain soir
毎晩	まいばん	tous les soirs

Les 12 mois

一月　/　１月	いちがつ	janvier
二月　/　２月	にがつ	février
三月　/　３月	さんがつ	mars
四月　/　４月	しがつ	avril
五月　/　５月	ごがつ	mai
六月　/　６月	ろくがつ	juin
七月　/　７月	しちがつ	juillet
八月　/　８月	はちがつ	août
九月　/　９月	くがつ	septembre
十月　/　１０月	じゅうがつ	octobre
十一月 /　１１月	じゅういちがつ	novembre
十二月 /　１２月	じゅうにがつ	décembre
何月	**なんがつ**	**quel mois**

Les jours du mois

Les jours du mois		
一日　/　１日	ついたち	le 1er
二日　/　２日	ふつか	le 2
三日　/　３日	みっか	le 3
四日　/　４日	よっか	le 4
五日　/　５日	いつか	le 5
六日　/　６日	むいか	le 6
七日　/　７日	なのか	le 7
八日　/　８日	ようか	le 8
九日　/　９日	ここのか	le 9
十日　/　１０日	とおか	le 10
十一日　/　１１日	じゅういちにち	le 11
十二日　/　１２日	じゅうににち	le 12
十三日　/　１３日	じゅうさんにち	le 13
十四日　/　１４日	じゅうよっか	le 14
十五日　/　１５日	じゅうごにち	le 15
十六日　/　１６日	じゅうろくにち	le 16
十七日　/　１７日	じゅうしちにち	le 17
十八日　/　１８日	じゅうはちにち	le 18
十九日　/　１９日	じゅうくにち	le 19
二十日　/　２０日	はつか	le 20
二十一日 /　２１日	にじゅういちにち	le 21
二十二日 /　２２日	にじゅうににち	le 22
二十三日 /　２３日	にじゅうさんにち	le 23
二十四日 /　２４日	にじゅうよっか	le 24
二十五日 /　２５日	にじゅうごにち	le 25
二十六日 /　２６日	にじゅうろくにち	le 26
二十七日 /　２７日	にちゅうしちにち	le 27
二十八日 /　２８日	にじゅうはちにち	le 28
二十九日 /　２９日	にじゅうくにち	le 29
三十日　/　３０日	さんじゅうにち	le 30
三十一日 /　３１日	さんじゅういちにち	le 31
何日	**なんにち**	**quel jour du mois**

Kanji apparaissant dans les textes de base des Leçons et leur nombre de traits

第一課：

第(11) 課(15) 田(5) 中(4) 先(6) 生(5) 日(4) 本(5) 来(7) 月(4) 語(14) 学(8) 人(2) 何(7) 今(4) 大(3)行(6) 三(3) 車(7) 近(7) 通(10) 下(3)

第二課：

半(5) 年(6) 前(9) 買(12) 新(13) 古(5) 高(10) 分(4) 出(5) 有(6) 名(6) 鈴(13) 木(4) 郎(9) 立(5) 派(9) 仕(5) 事(8) 上(3) 宿(11) 見(7) 南(9) 方(4) 東(8) 京(8) 海(9)

第三課：

谷(7) 駅(14) 外(5) 国(8) 留(10) 多(6) 部(11) 屋(9) 建(9) 物(8) 六(4) 階(12) 達(12) 務(11) 室(9) 図(7) 書(10) 全(6) 教(11) 地(6) 協(8) 辞(13) 店(8) 員(10) 左(5) 奥(12) 和(8) 仏(4) 典(8) 私(7) 時(10) 使(8) 五(4) 安(6)

第四課：

帰(10) 道(12) 住(7) 野(11) 区(4) 丸(3) 内(4) 線(15) 乗(9) 鉄(13) 方(4) 失(5) 礼(5) 火(4) 曜(18) 会(6) 売(7) 場(12) 小(3) 軽(12) 色(6) 一(1) 万(3) 円(4) 自(6) 動(11) 持(9) 度(9) 思(9) 千(3) 百(6) 少(4) 番(12) 手(4) 重(9) 他(5) 簡(18) 単(9) 用(5) 枚(8) 申(5) 訳(11)

第五課：

記(10) 文(4) 紹(11) 介(4) 週(11) 末(5) 友(4) 映(9) 画(8) 家(10) 音(9) 楽(13) 聴(17) 料(10) 理(11) 作(7) 林(8) 魚(11) 良(7) 言(7) 始(8) 切(4) 取(8) 翌(11) 敗(11) 夜(8) 電(13) 話(13) 次(6) 土(3) 美(9) 術(11) 館(16) 待(9) 合(6) 口(3) 北(5) 改(7) 札(5)

第六課：

体(7) 調(15) 子(3) 悪(11) 風(9) 邪(8) 引(4) 間(12) 洗(9) 濯(17) 掃(11) 除(10) 横(15) 面(9) 白(5) 組(11) 聞(14) 調(15) 玄(5) 関(14) 鳴(14) 森(12) 知(8) 早(6) 医(7) 者(8) 薬(16) 飲(12) 効(8) 願(19) 青(8) 回(6) 食(9) 後(9) 赤(7) 寝(13) 呂(7) 入(2) 世(5)

第七課：

旅(10) 利(7) 泊(8) 都(11) 着(12) 荷(10) 預(13) 予(4) 約(9) 幹(13) 置(13) 歴(14) 史(5) 寺(6) 神(9) 社(7) 竜(10) 受(8) 付(5) 英(8) 読(14) 漢(13) 字(6) 専(9) 門(8) 難(18) 感(13) 終(11) 休(6) 憩(16) 喫(12) 茶(9) 探(11) 雨(8) 降(10) 別(7) 観(18) 光(6) 客(9) 腹(13) 精(14) 進(11) 味(8)

第八課：

戻(7) 周(8) 辺(5) 頂(11) 疲(10) 運(12) 改(7) 築(16) 程(12) 停(11) 長(8) 足(7) 速(10) 場(12) 湯(12) 伺(7) 夕(3) 取(8) 結(12) 構(14) 忘(7) 致(10) 混(11) 席(10) 空(8) 当(6) 様(14) 豆(7) 腐(14) 噌(15) 漬(14) 藻(19) 盛(11) 承(8) 窓(11) 際(14) 緑(14) 唐(10) 代(5) 花(7) 瓶(11) 複(14) 製(14) 特(10) 形(7) 最(12) 勉(10) 強(11) 乾(11) 杯(8)

Les principales clés

Les clés peuvent être réparties en deux types : en rapport avec la nature et en rapport avec l'homme, d'après une analyse faite par J.-C. Martin dans son "Mémento des kanji". (Voir Bibliographie.)

« clés ayant trait à la nature »

氵 (eau) 木 (arbre)

糸 (fil) 土 (terre)

日 (soleil) 艹 (herbe)

金 (métal) 禾 (grain)

阝 (communauté)

貝 (coquillage)

火 / 灬 (feu)

竹 (bambou)

« clés ayant trait à l'homme »

亻 (personne) 扌 (main)

忄 (cœur) 一 (un)

言 (parole) 力 (force)

口 (bouche) 刀 (lame)

辶 (mouvement)

宀 (toit)

月 (lune)

女 (femme)

N. B. : dans les dictionnaires de caractères, les kanji sont rangés sous leurs clés. Les clés sont rangées selon l'ordre croissant de leur nombre de traits, et sous chaque clé, les kanji sont également rangés selon l'ordre croissant de leur nombre de traits. La précision que vous devez appliquer au décompte du nombre de traits est essentielle pour trouver le sens et la prononciation d'un kanji inconnu. Parmi les dictionnaires mentionnés dans la bibliographie, nous recommandons tout spécialement les diverses éditions du "Nelson" et renvoyons à ses annexes en fin de volume : "How to find a character", "How to find a compound" et surtout " How to determine the Radical of a Character". Le mot *"Radical"* en anglais traduit notre mot *"clé"*. (Il n'a rien à voir avec le mot *radical* tel qu'utilisé dans le présent manuel, où *radical* indique la partie fixe d'un mot variable.)

Traductions en français des textes de base des Leçons

Leçon 1 Au café

(1) T. : Monsieur / Madame (le professeur), je vous présente Gil. (Voici Gil.) **G.** : Bonjour (Je vous rencontre pour la première fois), je suis Gil. J'en appelle à votre bienveillance ! **Prof.** : Bonjour ! Gil, quand êtes-vous venu au Japon ? **G.** : Je suis arrivé au début du mois dernier. **(5) Prof.** : Vous êtes étudiant de japonais ? **G.** : Oui, je suis étudiant. **Prof.** : Gil, vous êtes Français ? **G.** : Non, je ne suis pas Français. Je suis Belge. ------- **Prof.** : Cela, c'est quoi ? **(10) G.** : Ceci ? Je vous en prie, Monsieur / Madame (le professeur). C'est un cadeau type de Belgique. **Prof.** : Ce sont des gâteaux secs ? **G.** : Non, ce ne sont pas des gâteaux. C'est du chocolat. **Prof.** : Merci. ------- **T.** : Monsieur / Madame (le professeur), vous allez à l'université aujourd'hui ? **(15) Prof.** : Oui, j'y vais. **T.** : Et vous, Gil, vous y allez ? **G.** : Oui, j'y vais. **T.** : Eh bien, allons-y ensemble tous les trois ! **Prof.** : Tanaka, vous êtes (venu) en voiture aujourd'hui ? **(20) T.** : Oui, je suis venu en voiture. Comme je passe à proximité de l'université, je vous en prie, montez ! **Prof.** : Merci. **G.** : Merci bien !

Leçon 2 Dans la voiture

(1) G. : C'est une grosse voiture… C'est une voiture japonaise ? **T.** : Non, ce n'est pas une voiture japonaise. C'est une voiture allemande. Je l'ai achetée il y a six mois. **G.** : C'est une voiture neuve ? **(5) T.** : Non, je l'ai achetée d'occasion. C'est pourquoi elle n'était pas trop chère. **Prof.** : M. Tanaka, jusqu'à l'université, il faut combien de minutes ? **T.** : Voyons voyons … Il faut environ quinze minutes. ------- **G.** : Ce bâtiment là-bas, qu'est-ce que c'est ? **(10) T.** : C'est le Garden Tower de l'Hôtel New Ōtani. Il a été terminé au mois de mars de cette année. **G.** : C'est une très belle construction. Qui est-ce qui l'a dessinée ? **Prof.** : C'est une personne célèbre. Une personne qui s'appelle Suzuki Ichirō. C'est quelqu'un qui fait un travail remarquable également en Amérique et en Europe. ------- **(15) G.** : Du restaurant du haut de cet hôtel, est-ce que l'on peut voir Shinjuku ? **T.** : Oui, comme Shinjuku est proche, on le voit bien ! **Prof.** : Du côté du sud, on voit aussi la Tour de Tōkyō et la mer.

Leçon 3 L'université

(1) T. : Le Campus principal se trouve près de Yotsuya. **G.** : Y a-t-il également des étudiants étrangers ? **Prof.** : Oui, les étudiants étrangers sont nombreux ! Il y a des étudiants américains, allemands et chinois, entre autres. **(5) G.** : (M. le Prof.) Où se trouve votre bureau ? **Prof.** : Il se trouve au cinquième étage du nouveau bâtiment que l'on voit là-bas. Au cinquième se trouvent les bureaux des enseignants, des secrétariats et une bibliothèque.

Les niveaux supérieurs comme les niveaux inférieurs, ce sont en totalité des salles de cours. **G.** : Et au sous-sol, qu'est-ce qu'il y a ? **(10) T.** : Au sous-sol se trouvent une cafétéria et une "coopérative étudiante". On va voir ? **G.** : Mais ...oui; je voudrais acheter des livres et des cahiers ... ------- (Au sous-sol) **G.** : Les dictionnaires, ils se trouvent où ? **Vendeur** : Les dictionnaires ? Ils se trouvent au fond à gauche. **G.** : Merci ! Monsieur (le Professeur), en matière de dictionnaire japonais-français, lequel est bien ? **(15) Prof.** : Moi quand j'étais étudiant, j'ai acheté ce dictionnaire, et je m'en sers même maintenant. Ici, c'est moins cher de 5% ! **G.** : Eh bien, je prends ceci !

Leçon 4 Le chemin du retour

(1) T. : Gil., où habitez-vous ? **G.** : J'habite dans l'arrondissement de Nakano. Je vais prendre la ligne Marunouchi, aller jusqu'à Shinjuku, faire des courses et rentrer. **Prof.** : Pour ce qui est de prendre le métro, c'est clair pour vous ? **(5) G.** : Oui, je comprends. Merci beaucoup pour tout ce que vous avez fait pour moi aujourd'hui. Eh bien, veuillez m'excuser de prendre congé dès maintenant. **Prof.** : Bon, nous nous retrouvons de nouveau mardi ! ------- (Au rayon des appareils photos d'un grand magasin) **Vendeur** : Soyez le bienvenu ! **(10) G.** : Bonsoir / Pardon ; je voudrais un appareil petit et léger ... **Vendeur** : Comme nous avons des modèles / types différents, approchez-vous par ici, je vous prie ! Votre budget est de quel ordre ? **G.** : Eh bien ... D'environ 10.000 yens. Actuellement je possède un appareil tout automatique, et cette fois **(15)** je pense choisir un appareil numérique. **Vendeur** : Dans ces conditions, que pensez-vous de ceci ? Ceci fait 18.500 yens. **G.** : 18.500 yens ? N'avez-vous pas quelque chose d'un peu meilleur marché ? **Vendeur** : Ceci est notre appareil numérique meilleur marché ; **(20)** il fait 9.800 yens. (Gil prend l'appareil en mains) **G.** : Il est un peu trop lourd. Montrez-moi autre chose ! **Vendeur** : Eh bien, voici un modèle plus simple, et le prix est de 12.900 yens. **(25) G.** : Ah, c'est bien. Bon, eh bien je prends ça et deux pellicules couleur pour l'appareil que je possède (déjà). **Vendeur** : Vous souhaitez une pellicule de combien de vues ? **G.** : Une de 24 vues, s'il vous plaît ! **Vendeur** : Veuillez nous excuser ; nous n'en avons que de 36 vues ... **(30) G.** : Ah, bon ? Dans ce cas, une seule suffira. Combien cela fait, en tout ? **Vendeur** : Au total cela vous fait 13.750 yens.

Leçon 5 Journal intime

(Texte écrit par Gil – 1ère partie)

(1) Depuis que je suis venu à Nakano, cinq mois sont passés. Ma chambre m'a été présentée par le Service des Étudiants Étrangers de l'Université. En fin de semaine, il m'arrive souvent de sortir. Soit je rencontre des amis, soit je vais voir un film. **(5)** Quand je suis à la maison, soit je regarde la télé, soit j'écoute de la musique. Il arrive aussi que des amis viennent et que nous fassions ensemble la cuisine. Ils m'apprennent la cuisine japonaise et moi je leur apprends la cuisine française. Voici peu, un ami du nom de Kobayashi, avant acheté du poisson, me dit : “Cette daurade, on va la faire en sashimi. Si cela te dit, je vais t’apprendre comment la confectionner !” ; **(10)** ce-disant, il commença à préparer le sashimi. Pour ma part, tout en observant Kobayashi découper le poisson, je pris des notes, mais le lendemain, essayant seul de nouveau, cela se termina par un échec.

Le soir, je reçus un coup de téléphone de Kobayashi; il m’invitait au Musée des Beaux-Arts le samedi suivant. Nous décidâmes de nous retrouver à la Gare de Ueno. Mais comme il y a quantité de sorties à la Gare de Ueno, **(15)** nous nous sommes mis d’accord pour nous rencontrer juste à la sortie du contrôle des billets de la sortie nord des lignes JR.

Leçon 6 En manque de forme ...

(Texte écrit par Gil – 2ème partie)

(1) Aujourd’hui c’est samedi, et Kobayashi m’a invité au Musée des Beaux-Arts, mais comme j’ai attrapé un rhume, j’ai décidé de ne pas y aller. Pendant que j’étais à la maison, j’avais pensé faire la lessive et le ménage, mais, **(5)** comme vraiment je ne me sentais pas en forme, j’ai décidé de m’allonger et de regarder la télévision. Alors que je vérifiais sur le journal s’il y avait des émissions intéressantes ou pas, la sonnette de l’entrée retentit. ------- (Dans l’entrée) **G.** : Qui êtes-vous ? **(10) Ōmori** : C’est Ōmori, la voisine. Ceci, ce n’est pas grand-chose, mais comme j’en ai reçu beaucoup d’une connaissance, si cela vous dit, servez-vous ! **G.** : Est-ce que vraiment je peux en prendre ? Je vous suis toujours redevable de quelque chose ! **Ō.** : Gil, aujourd’hui, vous ne sortez pas ? **G.** : C’est bien ça ! J’ai fini par attraper un rhume et **(15)** alors j’ai décidé de rester tout aujourd’hui à la maison. **Ō.** : Un rhume / La grippe ? Alors ça, ça ne va pas ! Avant que cela ne devienne mauvais, je pense qu’il faudrait vite aller (consulter auprès d’un) chez un médecin. Des médicaments, vous en avez pris ? **G.** : Non, pas encore. Comme je ne sais pas si ces médicaments sont efficaces pour le rhume, **(20)** j’étais justement en pleine hésitation. **Ō.** : Comme j’en ai de bons à la maison, voulez-vous que je vous en apporte ? **G.** : Je peux vous demander ce service ? ------- **Ō.** : Bon ! Prenez ce bleu-ci trois fois par jour, un seul tout de suite après les repas. **(25) G.** : Alors, celui-ci, le rouge, quand est-ce que je dois le prendre ? **Ō.** : Celui-là, c’est le soir ; prenez-le avant de dormir. Ce soir, il vaut mieux ne pas prendre le bain. **G.** : Je vous remercie beaucoup. Pardon de toujours faire appel à votre gentillesse ! **(30) Ō.** : Bon, eh bien ! Prenez soin de vous !

Leçon 7 Voyage

(1) Mettant à profit la Golden Week, je pars en voyage pour trois jours et deux nuits. Une fois arrivé à Kyōto, de façon à pouvoir aussitôt déposer mes bagages, il me faut d’abord réserver à l’hôtel. ------- Je suis allé en Shinkansen jusqu’à Kyōto, et ai déposé mes bagages, passant par l’hôtel où j’avais réservé au préalable. **(5)** Comme (la ville de) Kyōto a une histoire plus ancienne que Tōkyō, je pensais, dans la mesure du possible, voir beaucoup de temples et de sanctuaires. S'agissant d'aller à Kyōto, j'avais été instruit par mon professeur de voir sans faute le Ryōanji. A l'accueil du temple, je me fis donner des dépliants, en japonais et en anglais. Pour ce qui est du dépliant en anglais, il me fut possible de le lire aussitôt ; mais du côté du japonais, les kanji étant nombreux et **(10)** comme un lexique spécialisé était fréquemment utilisé, cela me fut difficile (je ressentis cela difficile). Après avoir fini de voir le temple, pensant prendre quelque repos, alors que je cherchais un café / salon de thé, la pluie se mit à tomber. De façon à ne pas être trempé par la pluie, j'entrai dans un autre temple qui se trouvait à proximité. Là, comme il n'y avait pas autant de touristes qu'au Ryōanji, c'était très bien. J'avais faim et par ailleurs la pluie ne cessait (de tomber), **(15)** aussi je décidai de goûter là à la cuisine maigre dite de temple.

Leçon 8 Une nuit à l'hôtel

(1) La pluie ayant cessé, Gil, qui a quitté le temple, décide de rentrer à l'hôtel. ------- (A l'hôtel) **La personne à l'accueil** : Bonsoir ("Bon retour") ! Pour ce qui est d'aujourd'hui, de quel côté êtes-vous allé ? **(5) G.** : J'ai vu le Ryōanji et des temples des environs. Comme j'ai été surpris par la pluie, j'ai pris un repas de cuisine végétarienne dans un temple. **Pers.** : Ah oui ? Vous devez être fatigué. Comme je vais faire porter tout de suite vos bagages dans votre chambre, je vous en prie, allez vous plonger dans le bain. Il s'agit d'un bain neuf, qui vient tout juste d'être rénové, et **(10)** depuis quelques instants s'y trouve un professeur d'université… **G.** : Ah bon ! Comme j'ai dû attendre longtemps à l'arrêt de bus et que j'ai les jambes fatiguées, je vais m'empresser d'y aller pour voir. ------- (Dans la salle des bains) **G.** : Bonsoir ! **(15) Autre client** : Bonsoir ! L'eau (chaude) est bonne, je vous assure ! D'où venez-vous ? **G.** : Je viens de Tōkyō, mais je suis de Belgique. J'ai entendu dire à l'accueil que vous êtes professeur d'université, et je me demandais qu'elle matière vous enseignez… **Autre client** : J'enseigne l'histoire de l'art. ------- **(20)** (Il a été entendu que Gil et le professeur d'université dînent ensemble ;) **Prof.** : Gil, quel genre de cuisine allons-nous manger ? **G.** : Quoi que ce soit, cela me satisfera. **Prof.** : Bon, est-ce qu'un restaurant de cuisine japonaise que je connais vous irait ? **G.** : Oui ! Ah ! Pardon ! J'ai oublié une petite chose, **(25)** je vais jusqu'à ma chambre la prendre et je reviens. ------- Pardon de vous avoir fait attendre. ------- (Dans le restaurant de cuisine japonaise) **Prof.** : Bien que ce ne soit pas un week-end, cela a l'air d'être plein ! Il se peut que nous soyons obligés d'attendre. **(30) G.** : On n'y peut rien. Ah tiens ! Il semble que des places se soient libérées au fond. **Prof.** : Ah c'est vrai ; c'est heureux ! **Employé(e)** : Bienvenue chez nous ! Vous êtes deux, n'est-ce pas ? Par ici je vous prie ! Et comme boisson, qu'est-ce que vous prendrez ? **Prof.** : Tout d'abord, nous allons nous offrir deux bières pression. **(35)** Aujourd'hui, que recommandez-vous de façon particulière ? **Emp.** : La capilotade de bonite et le tōfu conservé au miso… **Prof.** : Eh bien, nous prendrons un de chaque et puis, pour un début, une salade d'algues et un mélange de légumes en salaison, je vous prie. **Emp.** : Oui, c'est entendu. **(40) G.** : Monsieur, ce qui est posé au bord de la fenêtre, cette chose de couleur verte, qu'est-ce ça peut bien être ? **Prof.** : Ça là-bas ? Cela, c'est certainement une reproduction d'un vase confectionné à l'Époque des Tang ! Il a la forme caractéristique de la haute époque chinoise, mais c'est probablement quelque chose qui a été fait récemment au Japon. **G.** : Ah bon ? A vous écouter, vous professeur, **(45)** je deviens plus savant ! **Prof.** : Voyons, voici la bière venue, trinquons ! **Tous les deux** : A votre santé !

Corrigés modèles

練習問題解答 / れんしゅうもんだいかいとう

Figurent ci-dessous les corrigés modèles des exercices dont le numéro est suivi d'un astérisque à la suite des commentaires et explications des Leçons.

L1 Exercice 3

1. Jean : Monsieur Tanaka, Qu'est-ce que c'est ceci ?
2. Tanaka : Cela, c'est un journal.
3. Jean : Ceci aussi, c'est un journal ?
4. Tanaka : Non, cela n'est pas un journal. C'est une revue.
5. Tanaka : Ceci là-bas, est-ce que c'est votre sac, Jean ?
6. Jean : Oui, c'est mon sac.
7. Tanaka : Est-ce que cela aussi, c'est votre sac ?
8. Jean : Non, ce n'est pas mon sac. C'est le sac du professeur.
9. Aujourd'hui, je vais à l'université en bus.
10. Pierre est venu hier de France.
11. Le mois dernier, je suis allé à Kyōto en voiture.
12. Comme Monsieur Tanaka va à l'université en voiture, il ne passe pas à proximité de la gare.
13. Comme Jean va à l'université en bus, il passe à proximité d'un café.
14. Jean : Monsieur Tanaka, ceci, c'est du vin français. Tenez, c'est pour vous.
15. Tanaka : Je vous remercie bien.
16. Tanaka : Jean, allons ensemble au café.
17. Jean : Oui, allons y !

L1 Exercice 4

1. ピエールさん(は)大学(へ ou に)行きますか。
2. 先生(は)車ですか。
3. 田中さん(は)車(で)来ました。
4. これ(は)日本(の)おみやげです。
5. 三人(で)いっしょに行きましょう。
6. 山田さん(は)パリ大学(の)学生ではありません。
7. その授業(は)朝八時(から)です。
8. 田中さん(も)山田さん(も)日本人です。
9. 大学(の)近く(を)通りますか。

L1 Exercice 5

中田 : 先生、こちらはジャンさんです。
ジャン : はじめまして、ジャンです。よろしくおねがいします。
先生: よろしく。ジャンさんはいつ大阪に来ましたか。
ジャン : 先月の末に来ました。
先生 : 学生さんですか。
ジャン : いいえ、学生ではありません。教師です。

ジャン：ジルさんはイギリス人ですか
ジル：いいえ、イギリス人ではありません。ベルギー人です。
ジャン：これは何ですか。
ジル：チョコレートです。
ジャン：ベルギーのチョコレートですか。
ジル：はい、ベルギーのチョコレートです。どうぞ、ジャンさん。

中田：先生、今日は大学にいらっしゃいますか。
先生：はい、行きます。
中田：ジャンさんは車ですか。
ジャン：いいえ、車ではありません。
中田：ジャンさんも大学に行きますか。
ジャン：はい、行きます。
中田：私も行きますから三人でいっしょに行きましょう。

L2 Exercice 1

1. Je déjeune.
2. J'ai dîné.
3. Je regarde la télévision.
4. J'ai vu ce film.
5. Je me lève tous les jours à six heures.
6. Je porte un tricot.
7. Je ne porte pas de manteau.
8. Je suis à l'université jusqu'à sept heures.
9. Ma mère est à la maison.
10. Mon père n'est pas à la maison maintenant.
11. Je vais à l'université.
12. J'achète un (des) livre(s).
13. Je n'achète pas de voiture.
14. J'ai bu de la bière.
15. Je ne bois pas de café.
16. J'écris une (des) lettre(s).
17. Je n'ai pas lu cette revue.
18. Je suis rentré à la maison en bus.
19. Je travaille à Tōkyō.
20. Je parle en japonais.
21. J'étudie tous les jours.
22. Je téléphone à ma mère.
23. Allons nous promener !
24. Je ne fais pas de nettoyage.
25. Je conduis.

L2 Exercice 2

1. 先生は今日本（ に ）います。
2. 大学（ で ）日本語を勉強します。
3. レストラン（ で ）ワインを飲みます。
4. 毎朝七時に家（ を ）出ます。
5. マルセイユ（ へ ou に ）行きます。
6. 大学（ から ）駅（ まで ）あるきます。
7. こうえん（ を ）散歩します。
8. よるの十時にうち（ へ ou に ）帰りました。

L2 Exercice 3

1-A. 左の部屋（ に)電話があります。: Il y a un téléphone dans la pièce de gauche.
-B. 右の部屋（ には ）電話がありません。: Il n'y a pas de téléphone dans la pièce de droite.
2-A. 去年日本(へ ou に)行きました。: Je suis allé au Japon l'an dernier..
-B. 中国（ へは ou には ）行きませんでした。: Je ne suis pas allé en Chine.
3-A. 大学(で)日本語を勉強します。: J'étudie le japonais à l'université.
-B. うち（ では ）日本語を勉強しません。: Je n'étudie pas le japonais à la maison.
4-A. そこ(に)いすがあります。: Il y a une (des) chaise(s) là.
-B. あそこ（ にも ）いすがあります。: Là-bas aussi, il y a une (des) chaise(s).
5-A. 近くの店(で)買い物をします。: Je fais des achats dans les boutiques de proximité.
-B. 大きいスーパー（ でも ）買い物をします。: Je fais des achats également dans les grands supermarchés.

L2 Exercice 4-B

6. Aujourd'hui, je porte le pull que j'ai acheté à Tōkyō.
7. J'ai déjà lu le livre que j'ai acheté le lundi de la semaine dernière.
8. Ceci est une histoire que j'ai entendue de Monsieur Kobayashi.
9. Les plats que mon père a confectionnés sont celui-ci et celui-là.
10. Il y a quelques instants, un étudiant du nom de Philippe est venu ici.
11. C'est une photo prise par quelqu'un qui s'appelle Suzuki.

L2 Exercice 6

1. これは新宿で借りたカメラです。
2. これは昨日のよる読んだ本です。
3. これは先月原宿で買ったパソコンです。
4. これは先週書いた日本語のレポートです。
5. これは友達のうちで見た映画です。
6. これは昨日うちで勉強した漢字です。
7. これはおとというちで作ったクッキーです。
8. これは図書館の前にいた犬です。
9. これは山田さんが毎日駅から大学まで乗るバスです。
10. これは来週友達に貸す自転車です。

L3 Exercice 3

1. 机の上に花があります。
2. 机の下に犬がいます。
3. 女の子のとなりに男の子がいます。
4. 部屋の中に猫がいます。
5. かばんの中に本があります。
6. 車の前に女の子がいます。
7. 大学の裏にレストランがあります。
8. 駅の右に病院があります。
9. その家の左に美容院があります。
10. 机のそばにくつがあります。

L3 Exercice 4

1. 来年中国に行きたいです。
2. このコンピューターを売りたいです。
3. この川で（は）泳ぎたくないです。
4. ビールを飲みたくないですか。
5. 図書館で見たい本があります。

L3 Exercice 5

1. J'ai acheté ce téléphone portable l'an dernier, mais je l'utilise même maintenant.
2. Comme je suis en train d'étudier, téléphonez-moi demain matin.
3. Yves-Michel enseigne le français à l'université.
4. 今日は花子さんはきれいな着物を着ています。
5. デルフィーヌさんは三年前からアルルに住んでいます。
6. 母は今スープを作っています。

L4 Exercice 1

1. 買い物して友達に会ってうちに帰りました。
2. 大学で勉強して友達に電話してうちに帰りました。
3. 友達に会って買い物して大学に行きます。
4. 七時に起きてテレビを見て出かけます。
5. 新聞を買ってコーヒーを飲んでうちに帰ります。

L4 Exercice 4

1. ピエールさんは中国語が上手ではありません。
2. 母はコーヒーが大好きです。
3. マリーさんは日本語が上手です。
4. 猫が好きではありません。（猫がきらいです。）
5. 軽いコンピューターがほしいです。

L4 Exercice 5

1. 昨日駅でざっしを三（ 冊 ）買いました。
2. 教室に学生が十二（ 人 ）と先生が一（ 人 ）います。
3. 机の上に手紙が四（ 通 ）と本が二（ 冊 ）とえんぴつが五（ 本 ）あります。
4. 次のパリ行きの電車は１３（ 時 ）２０（ 分 ）に出ます。
5. うちにはねこが五（ 匹 ）もいます。

L4 Exercice 6

1. 教室には学生しかいません。
2. 机の上にはノートしかありません。
3. ピエールさんはいいワインしか飲みません。
4. 先生は日本語しか話しません。
5. 先生が書いた漢字しか知りません。

L4 Exercice 7

1. Monsieur Tanaka est étudiant ; il est venu de Tōkyō le mois dernier.
2. La ville d'Aix est calme et c'est un endroit sympathique.
3. Marseille est une grande ville où se trouvent même trois universités.

L4 Exercice 8

1. この大学は有名で、外国人の学生がたくさんいます。
2. 左は日本語の本で、右は中国語の本です。
3. ブルジョワさんは先生でよくアメリカに行きます。

L4 Exercice 9

1. 友達とイタリアに行こうと思っています。
2. この車はだめになったので新しいのを買おうと思っています。
3. 来年から中国語を勉強しようと思っています。
4. それは小林さんにお願いしようと思っています。
5. うちで料理を作ろうと思っているので買い物してから帰ります。

L5 Exercice 1

1. これは母が作ってくれた服です。
2. これは兄が買ってくれた辞書です。
3. これは姉が送ってくれた写真です。
4. これは友達が貸してくれたＣＤです。

L5 Exercice 2

1. よかったら、作り方を教えてあげます(よ)。
2. よかったら、このＣＤを貸してあげます(よ)。
3. よかったら、書いてあげます(よ)。
4. よかったら、写真を撮ってあげます(よ)。

L5 Exercice 3

1. 今わたしが勉強しているのは日本語です。
2. 今わたしが見ているのはニュースです。
3. 話すのは簡単ですが書くのは難しいです。
4. 答えたのはソフィーさんです。
5. この映画を作ったのは田中さんです。

L5 Exercice 4

1. 中田さんが料理するのを見ていました。
2. 花子さんが歌うのを聞いていました。
3. ピエールさんが日本語で話すのを聞いていました。
4. 弟が来るのを待っていました。
5. 五時になるのを待っていました。

L5 Exercice 8

1. 日本へ行くことにしました。
2. 新しい車を買うことにしました。
3. モニックさんにはもう会わないことにしました。
4. もうたばこは吸わないことにしました
5. 先生に聞くことにしました。

L6 Exercice 1

1. L'an dernier, je suis allé à la mer, mais cette année je vais à la montagne.
2. Marie va à la montagne, mais moi je vais à la mer.
3. Hier, je suis allé au restaurant, mais ce n'était pas bon.
4. Hier, je suis allé au restaurant, et c'était très bon.
5. Je voudrais aller au Japon, mais je ne parle pas le japonais.

L6 Exercice 2

1. Pendant les vacances d'été, je compte aller à la mer.
2. Pendant qu'il pleuvait, je regardais la télévision à la maison.
3. Pendant que j'étudie, restez (= soyez) dans la chambre voisine.
4. Pendant que je serai à Paris, je pense que j'irai dans des restaurants japonais.

L6 Exercice 3

1. 今晩映画に行くかどうか分かりません。
2. 小林さんが来るかどうか聞いてみてください。
3. この本が難しいかどうか先生に聞いてみます。
4. これでいいかどうか見てください。

L6 Exercice 4

1. これは先生の奥さんにいただいた薬です。
2. これは父に買ってもらった車です。
3. 友達にＣＤを 12 枚貸してもらいました。
4. 先生に貸していただいた本はとても面白いです。

L6 Exercice 9

1. どこへ行けばいい(ん)ですか。
2. いつ来ればいい(ん)ですか。
3. 誰に聞けばいい(ん)ですか。
4. どう書けばいい(ん)ですか。

L6 Exercice 10

1. Ne fumez pas ici !
2. Ne parlez pas fort !
3. Ne me téléphonez pas le matin tôt !
4. N'entrez pas dans cette pièce !
5. Ne vous asseyez pas là !

L6 Exercice 11

1. Je viens de rentrer à la maison.
2. Prenez chacun une de ces feuilles.
3. Depuis hier, mon ordinateur ne marche pas bien ...
4. C'est une lettre que le professeur a traduite en japonais (pour moi).
5. Ce matin, m'a mère m'a accompagné jusqu'à l'université.

L7 Exercice 1

1. 漢字が三百字ぐらい書けるようになりました。
2. 妹は一人で車が運転できるようになりました。
3. 生の魚が食べられるようになりました。
4. 子供はバイオリンが上手に弾けるようになりました。
5. 二百メートル泳げるようになりました。

L7 Exercice 2

1. 次の火曜日までに作文を書かなければなりません。
2. 試験までに漢英辞典を買わなければなりません。
3. 行く前に電話しなければなりません。
4. 明日の午後までに先生に会いに行かなければなりません。
5. 今週は毎晩アルバイトをしなければなりません。

L7 Exercice 3

A-1

1. 酒はワインより高いです。
2. 日本語は中国語より難しいです。
3. ルーブル美術館はグラネ美術館より有名です。
4. 革のかばんは布のかばんより丈夫です。

A-2

1. ドイツ人は日本人より背が高いです。
2. ピエールさんはジャンさんより英語が上手です。
3. 東京はパリより物価が高いです。

B

1. ジャンさんはピエールさんと同じぐらい日本語が上手です。
2. エクスの冬は東京の冬と同じぐらい寒いです。
3. わたしの車は隣りの人の(車)と同じぐらい速いです。

C

1. (これは)それほど難しくはありません。
2. 今日の映画は先週の(映画)ほど面白くなかったです。
3. 小林さんは昨日ほど忙しくないです。

L7 Exercice 4

1. インターネットならすぐに買えます。
2. わたしなら行きません。
3. 高くないなら買います。
4. ピエールさんが行かないならわたしも行きません。
5. 日本の映画を見るなら黒沢さんの作品を見てください。

L7 Exercice 5

1. 夏休みになると観光客がたくさん来ます。
2. 喫茶店に行くといつも同じ人に会います。
3. 朝起きるとテレビを見ながらコーヒーを飲みます。
4. 寒くなると母は魚のスープを作ります。

L7 Exercice 6

1. 電車の中で携帯電話を盗まれました。
2. この建物は二十年前に建てられました。
3. 空港でかばんの中身を調べられました。
4. この言葉は若者によく使われています。
5. 先生に明日の朝八時に来るように言われました。

L7 Exercice 7

1. Il fait beau aujourd'hui et je n'ai rien d'autre à faire ; je vais nager à la piscine.
2. Je suis fatigué et j'ai un examen demain ; je rentre tôt aujourd'hui.
3. Il me semble que Monsieur Tanaka ne viendra pas aujourd'hui à l'entreprise.
4. Comme les gens arrivent encore, laissez la porte d'entrée ouverte !
5. Comme je compte utiliser ce dictionnaire tout à l'heure, laissez-le là s.v.p. !

Bibliographie

I. Méthodes générales

a. Les cours de langue japonaise mis au point par une équipe réunie autour de **B. Fujimori et J.-J. Origas** pour le Centre National d'Enseignement à Distance sont parmi les plus complets et progressifs.

b. N. et O. Mizutani, **An Introduction to Newspaper Japanese**, Japan Times, Tokyo, 1981, 1991 (13è éd.).

c. K. Kuwae, **Manuel de japonais**, 2 vol., L'asiathèque, 1986.

d. C. Garnier et T. Mori, **Le japonais sans peine**, 3 vol., Assimil, 1987-88.

e. D.-M. Brown, éd., **An Introduction to Advanced Spoken Japanese**, Inter-University Center for Japanese Language Studies (IUCJLS), Yokohama, 1987.

f. T. Higashi et K. Oguma, **Parlons Japonais**, Presses Universitaires de Grenoble, 1989.

g. J. Cholley et R. Shimamori, **Cours de japonais**, Bonjinsha, Tokyo, 1990. (L'éditeur Bonjinsha de Tokyo est le principal éditeur d'ouvrages relatifs à la langue japonaise.)

h. AJALT, **Reading Japanese Financial Newspapers**, Kodansha International, Tokyo, 1991.

i. IUCJLS, **Writing Letters in Japanese**, The Japan Times, Tokyo, 1992.

j. J. Pigeot, **Manuel de japonais classique - Initiation au *bungo***, L'asiathèque, 1998.

II. Grammaires

a. S. Makino et M. Tsutsui, **A dictionary of basic japanese grammar** et **A dictionary of intermediate japanese grammar**, The Japan Times, Tokyo, 1986 et 1995.

b. R. Shimamori, **Grammaire Japonaise Systématique**, 2 vol., J. Maisonneuve, 1994 et 2001.

III. Système d'écriture

a. P. Durmous et W. Hadamitzky, **Manuel de l'écriture japonaise et dictionnaire des 1945 caractères officiels**, Maisonneuve, 1987.

b. J.-C. Martin, **Mémento des kanji utilisés dans la langue japonaise**, Paris, Impr. de la Bourse, 1988.

c. R. Celette et J. Demange, **2120 caractères-jōyō kanji**, L'asiathèque et Maison Franco-Japonaise, 1983.

d. Kanji Text Research Group University of Tokyo, **250 Essential Kanji for everyday use**, Tuttle, 1993.

e. A. Delteil et Y. Seko, **Les 500 kanji les plus fréquents de la langue japonaise**, polycopié de U.P., Aix, 1995 (d'après les travaux du "Kokuritsu Kokugo Kenkyūjo").

IV. Dictionnaires

Dictionnaires de Kanji

a. S. Kaizuka, I. Fujino et S. Ono, **Kadokawa Kanwa Chūjiten,** Kadokawa Shoten, Tokyo, 1959. Le meilleur ouvrage dans sa catégorie ; a cumulé depuis l'origine plus de 200 éditions …

b. A.-N. Nelson, **The Modern Reader's Japanese-English Character Dictionary**, Tuttle, Tokyo et USA, 1962 (Nouvelles editions sous le titre **The New Nelson** 1997 et **The Compact Nelson** 1999). Cet ouvrage est de loin le meilleur de sa catégorie ; il respecte le système des clés traditionnelles tout en organisant de nombreux renvois.

c. M. Spahn et W. Hadamitzky, **Japanese Character Dictionary**, Nichigai Associates, Tokyo, 1989.

d. J. Halpern, **New Japanese-English Character Dictionary**, Kenkyusha, Tokyo, 1990.

Dictionnaires unilingues japonais

a. I. Shinmura, **Kōjien**, Iwanami, Tokyo, 1955.

b. Nihon Daijiten Kankōkai, **Nihon Kokugo Daijiten**, 20 vol. Shogakukan, Tokyo, 1972.

c. H. Kindaichi et Y. Ikeda, **Gakken Kokugo Daijiten**, Gakushu kenkyusha, Tokyo, 1978.

Dictionnaires multilingues (français-japonais, japonais-français)

a. Deux titres ont été publiés en France : 1/ **Petit Dictionnaire japonais-français** et **Petit Dictionnaire français-japonais**, 2 vol., Librairie You Feng, Paris, 1987 ; 2/ J-Y. Lamant et F. Takeuchi, **Le Petit Fujy Diko** français-japonais et japonais-français, Kotoba Ed., Metz, 1988.

b. Il est indispensable de se procurer, à terme, des dictionnaires multilingues publiés au Japon. Plusieurs maisons d'édition ont publié d'excellents ouvrages qui font de 1200 à 1600 pages : Hakusuisha : **Nouveau Dictionnaire Pratique Japonais-Français** (Shin Wafutsu Chūjiten) et **Nouveau Dictionnaire Pratique Français-Japonais** (Shin Futsuwa Chūjiten) ; Taishukan : **Dictionnaire Standard Japonais-Français** (Sutandādo Wafutsu Jiten) et **Jeunesse Dictionnaire Standard Français-Japonais** (Junesu Futsuwa Jiten). D'autres titres sont publiés par les éditeurs Sanseido, Shogakkan, etc …

c. Dictionnaires de grand format :

G. Cesselin, M.A., **Dictionnaire Japonais-Français**, Tokyo, 1957 (3è éd.) et Paris, 1998.

S. Katsumata (gen. ed.), **Kenkyusha's New Japanese-English Dictionary**, Kenkyusha, 1954 (très bon titre vers la langue anglaise).

T. Ibuki (et ali), **Dictionnaire Général Français-Japonais**, Hakusuisha, 1981.

V. Ouvrages Bilingues

Sont publiés au Japon de nombreux ouvrages bilingues anglais-japonais. Kodansha a publié notamment : **A Bilingual Guide to the Japanese Economy**, 1995 ; **Keys to the Japanese Heart and Soul**, 1996 ; **The Japanese Economy as Reported in Newsweek**, 1999 ; **A Kodansha Encyclopedia – Bilingual Nihon Jiten**, 2003.

VI. Pour le dépannage au Japon

a. Berlitz, **Japanese for Travellers**, Lausanne, 1974.

b. Kam Y Lau, **Japanese Phrasebook**, Lonely Planet, 1994.

VII. Nouveaux Supports

Les principaux éditeurs, de même que les principaux fabricants, publient et produisent désormais des dictionnaires électroniques de grandes capacités. Un seul appareil peut contenir la matière d'un dictionnaire unilingue de langue japonaise, d'un dictionnaire japonais-anglais et anglais-japonais, ainsi que d'un dictionnaire de kanji.

On peut trouver par ailleurs de nombreux logiciels utiles sur l'Internet.

Index général

L'index qui suit reprend toutes les premières occurrences du vocabulaire japonais des Leçons (textes de base, commentaires / explications et exercices).

N. B. 1 : cet index ne suit pas l'ordre alphabétique mais l'**ordre japonais des kana** (A, I, U, E, O, KA, KI, KU, KE, KO, etc …). Attention : un mot commençant par GA sera classé après un mot commençant par KA, le kana GA étant dérivé du kana KA. Par ailleurs, un mot incluant un petit っ/ tsu est traité comme comportant un grand つ/ tsu. (Ceci, comme dans les dictionnaire japonais-français publiés au Japon.)

N. B. 2 : les références renvoient aux Leçons et non pas aux pages. La lettre **T** signale que le mot considéré figure dans le texte de base de la Leçon et dans la Liste de vocabulaire; la lettre **C** que le mot figure dans les Commentaires et explications, et la lettre **E** que le mot figure dans les Exercices.

N. B. 3 : l'index renvoie en priorité aux textes de base des Leçons. Lorsqu'un même mot apparaît dans le manuel une fois en hiragana seuls et une fois en kanji, la première référence donnée renvoie à son occurrence en kanji ; la seconde référence entre parenthèses renvoie à la première occurrence du mot en hiragana.

N. B. 4 : l'index ne fait pas figurer les termes de la liste des kanji, et notamment les composés de deux kanji ou plus qui apparaissent dans cette liste, ainsi que le vocabulaire figurant dans les proverbes et dictons. Les mots verbaux dit "humbles" et "exaltants" apparaissant dans le Tableau de la Leçon 8 ne figurent pas non plus dans le présent index.

<あ／ア>

あのような	L8 C
アパート	L9.I
あまり/あんまり	L2 T
あめ　雨	L7 T (L5 C)
アメリカ	L2 T
ありがとう(ございます)	L1 T
ある	L3 T (L2 C)
あるく　歩く	L2 E.2
アルバイト	L5 E.11
アルル	L4 C
あれ	L1 C
あんぜん　安全	L3 C
あんな	L8 C

<い／イ>

いい	L2 C
いいえ	L1 T
いう　言う	L5 T (L2 C)
いえ　家	L5 T (L2 E.2)
いかがですか	L4 T
イギリス	L4 C
イギリス人	L1 E.5
いきる　生きる	L8 C
いく　行く	L1 T
いくら	L4 T
いけません	L6 T
いしゃ　医者	L6 T
いす	L2 E.3
いそがしい　忙しい	L3 C
いたす　致す	L8 T
いただく　頂く	L8 T (L6 T)
イタリア	L4 E.9
いちど　一度	L2 E.4
いちにち　一日	L6 T
いちにちじゅう　一日中	L5 E.6
いちにんまえ　一人前	L4 C
いちねんせい　一年生	L5 C
いちばん　一番	L4 T
いちまん　一万	L4 T
いつ	L1 T
いつか	L8 C
いっしょに　一緒に	L8 T (L1 T)
いっぱく　一泊	L8 T
いっぽん　一本	L4 T
いつも	L6 T
いぬ　犬	L2 E.6
いま　今	L3 T (L2 E.1)
いもうと　妹	L5 E.7
いや　嫌	L3 C
いらっしゃいませ	L4 T
いらっしゃる	L1 T, L8 T
いる	L2 C
いる　要る	L2 C
いれる　入れる	L6 E.8
いろいろ　色々/(色色)	L4 T
インターネット	L7 E.4

<う／ウ>

うえ　上	L2 T
うえの　上野	L5 T
うかがう　伺う	L8 T
うけつけ　受付	L7 T
うたう　歌う	L5 E.4
うち	L2 E.1
うつくしい　美しい	L3 C
うまれる　生まれる	L8 C
うみ　海	L2 T
うむ　生む	L8 C
うら　裏	L3 E.3
うりば　売り場	L4 T
うる　売る	L2 C
うれしい　嬉しい	L3 C
うんてんする　運転する	L2 C

<え／エ>

えいが　映画	L5 T (L2 E.1)

えいご　英語	L7 T
ええ	L1 T
ええっと	L9.III
えき　駅	L3 T (L1 E.3)
えん　円	L4 T
えんき　延期	L9.I
エンジン	L3 E.1
えんぜつ　演説	L9.I
えんぴつ	L4 E.5

＜お／オ＞

お	L3 T
おいしい	L6 E.1
おうべい　欧米	L9.VI
おおい　多い	L3 T
おおきい　大きい	L2 T
おおきな　大きな	L3 C
おかえりなさい　お帰りなさい(ませ)	L8 T
おかしい	L3 C
おかしな	L3 C
おかね　お金	L6 C
おきる　起きる	L2 C
おく　奥	L3 T
おく　億	L4 C
おく　置く	L7 T
おくさん　奥さん	L6 E.4
おくる　送る	L2 C (L6 E.11)
おしえる　教える	L5 T (L2 C)
おす　押す	L7 C
おすすめ	L8 T
おせわになる　お世話になる	L6 T
おそい　遅い	L3 C
おだいじに　お大事に	L6 T
おたく	L9.IV
おちゃ　お茶	L5 E.11
おちる　落ちる	L7 C
おとうと　弟	L5 E.4
おとこのこ　男の子	L3 E.3
おとす　落とす	L5 E.12
おととい	L2 E.6
おとな　大人	L9.I
おなか　お腹	L7 T
おねがいする　お願いする	L4 E.9
おねがいできますか　お願い出来ますか	L6 T
おまたせいたしました　お待たせ致しました	L8 T
おみやげ	L1 T
おもい　重い	L4 T (L3 C)
おもいうかぶ　思い浮かぶ	L9.I
おもう　思う	L4 T
おもしろい　面白い	L6 T (L3 C)
およぐ　泳ぐ	L3 E.4
おれ　俺	L9.IV
オレンジ	L4 C
おわる　終わる	L7 T
おんがく　音楽	L5 T
おんな　女	L7 C
おんなのこ　女の子	L3 E.3

＜か／カ＞

か	L1 T
が	L2 T
かい　階	L3 T
がいこく　外国	L3 T
かいさつぐち　改札口	L5 T
かいしゃ　会社	L7 E.7
かいそう　海藻	L8 T
かいちくする　改築する	L8 T
がいむだいじん　外務大臣	L9.I
かいもの　買い物	L4 T (L2 E.3)
かう　買う	L2 T

<き／キ>

これから	L4 T
こわす　壊す	L5 E.12
こんかい　今回	L9.I
こんしゅう　今週	L7 E.2
こんど　今度	L4 T
こんな	L8 C
コンビニ	L6 C
こんや　今夜	L6 T

<さ／サ>

さ	L9.X
ざあざあ	L9.V
さいきん　最近	L8 T
さいふ　財布	L5 E.12
さがす　探す	L7 T
さかな　魚	L5 T
さき　先	L4 T
さきほど　先程	L8 T
さくひん　作品	L7 E.4
さくぶん　作文	L7 E.2
さくら　桜	L7 E.5
さける　避ける	L9.I
さしみ	L5 T
さそう	L5 T
さつ　冊	L4 C
さっき	L2 E.4
ざっし	L1 E.3
さっそく　早速	L8 T
さま　様	L8 T
さむい　寒い	L3 C
さら	L4 C
サラダ	L8 T
～さん	L1 T
さんかい　三回	L6 T
さんがつ　三月	L2 T
さんじ　三時	L4 C
さんにん　三人	L1 T
さんぽする　散歩する	L2 C
さんわり　三割	L9.I

<し／シ>

じ　時	L4 C
～しか(・・・ない)	L4 T
しかし	L5 T (L9.III)
しかたがない　仕方がない	L8 T
じかん　時間	L4 C
しけん　試験	L7 E.2
じこ　事故	L9.I
しごと　仕事	L2 T
しじ　指示	L9.I
じしょ　辞書	L3 T (L2 E.6)
じしん　地震	L9.I
しずか　静か	L4 C (L3 C)
した　下	L3 T
じだい　時代	L8 T
しちじ　七時	L2 E.1
じつは　実は	L9.III
しっぱいする　失敗する	L5 T
しつれい　失礼	L4 T
じてんしゃ　自転車	L2 E.6
じどう　自動	L4 T
じどうてき　自動的	L3 C
しとしと	L9.V
しぬ　死ぬ	L5 C (L3 C)
じぶん　自分	L9.IV
じむしつ　事務室	L3 T
じゃあ(では)	L3 C
しゃしん　写真	L2 E.4
しゃなりしゃなり	L9.V
しゃんはい　上海	L6 C
しゅう　週	L2 E.4
じゅうご　十五	L2 T
しゅうへん　周辺	L8 T
しゅうまつ　週末	L5 T
じゅぎょう　授業	L1 E.4

しよう	L4 T
しょうかいする　紹介する	L5 T
しょうじる　生じる	L8 C
しょうじんりょうり　精進料理	L7 T
じょうず　上手	L3 C
しょうちする　承知する	L8 T
じょうぶ　丈夫	L3 C
じょうほう　情報	L9.I
しょうぼうし　消防士	L9.I
しらべる　調べる	L6 T, L7 E.6
しりあい　知り合い	L6 T
しる　知る	L8 T (L3 C)
〜じん　人	L1 T
しんかんせん　新幹線	L7 T
じんこう　人口	L7 E.3
しんしゃ　新車	L2 T
じんじゃ　神社	L7 T
しんじゅく　新宿	L2 T
しんせつ　親切	L3 C
しんぶん　新聞	L6 T (L1 E.3)
CD（シーディー）	L5 E.1
JR（ジェイアール）	L5 T

＜す／ス＞

〜ず	L9.I
スーパー	L2 E.3
スープ	L3 E.5
すえ　末	L1 E.5
すき　好き	L3 C
すぎる	L4 T
すく	L7 T
すぐ	L6 T
〜ずつ	L6 T
すなわち	L9.III
スポーツ	L4 E.3
すみません	L4 T
すむ　住む	L4 T (L2 C)
する	L2 T
すわる　座る	L6 E.10

＜せ／セ＞

せいきょう　生協	L3 T
せいじか　政治家	L9.I
せいふ　政府	L9.I
セーター	L2 E.1
せがたかい　背が高い	L7 E.3
せき　席	L8 T
ぜひ	L7 T
せまい　狭い	L3 C
せん　千	L4 T
ぜん〜　全〜	L4 T
せんえん　千円	L5 C
せんげつ　先月	L1 T
せんしゅう　先週	L2 E.4
せんせい　先生	L1 T
せんたく　洗濯	L6 T
ぜんぶ　全部	L3 T
せんもん　専門	L7 T

＜そ／ソ＞

〜そう	L9.II
そうじ　掃除	L6 T (L2 E.1)
そうですね	L2 T
そうなんです	L6 T
そこ	L3 C
そして	L9.III
そちら(そっち)	L3 C
そと　外	L5 C
その	L3 C
そのあと/そのご　その後	L6 C
そのうえ　その上	L9.III
そのとき　その時	L6 C
そのような	L8 C
そば	L3 E.3
それ	L1 T
それから	L9.III

それで	L9.III
それでは/それじゃ	L4 T (L9.III)
それなら	L9.III
それにします	L3 T
そんな	L8 C

<た／タ>

だ	L5 C
～たい	L3 T
たい	L5 T
だい　台	L4 C
だいいっか　第一課	L1 T
たいおうさく　対応策	L9.I
だいがく　大学	L1 T
だいじ　大事	L3 C
たいした　大した	L6 T
だいじょうぶ　大丈夫	L3 C
だいすき　大好き	L4 C
たいせつ　大切	L3 C
タイプ	L4 T
たいへん　大変	L3 C, L5 E.12
たかい　高い	L2 T
～たがる	L9.IX
たくさん	L5 T
だけ	L4 T
だけど	L9.III
たしか　確か	L3 C
だす　出す	L7 T
たたき	L8 T
たち　達	L3 T (L9.IV)
たちば　立場	L9.I
たつ	L3 C
だった	L5 C
たてもの　建物	L3 T (L2 E.5)
たてる　建てる	L7 E.6
たとえば　例えば	L9.III
たのしい　楽しい	L3 C
たのしむ　楽しむ	L9.I
たばこ	L4 C
たばこをすう　たばこを吸う	L6 E.10 (L5 E.6)
たべもの　食べ物	L8 C
たべる　食べる	L6 T (L2 C)
たまご	L4 C
だめ　駄目	L3 C (L2 C)
～ためにの	L9.I
だめになる	L4 E.9
ためる	L6 C
～たら	L5 T
～たり、～たりする	L5 T
だれ	L2 T
だれか　誰か	L8 C
だれも～ない　誰も～ない	L4 C
タワー	L2 T

<ち／チ>

ちいさい　小さい	L4 T
ちいさいな　小さな	L3 C
ちか　地下	L3 T
ちかい　近い	L2 T
ちがう	L2 C
ちかく　近く	L1 T
ちかてつ　地下鉄	L4 T
ちち　父	L2 C
ちゅうこ　中古	L2 T
ちゅうごく　中国	L3 T (L2 E.3)
ちゅうごくじん　中国人	L1 C
ちょうし　調子	L6 T
チョコレート	L1 T
ちょっと	L4 T

<つ／ツ>

つう　通	L4 C
つかう　使う	L3 T
つかれ　疲れ	L8 T
つかれる　疲れる	L8 T (L5 C)

つぎ　次	L5 T (L4 E.5)
つく　着く	L7 T
つくえ　机	L3 C (L2 C)
つくりかた　作り方	L5 T
つくりはじめる　作り始める	L5 T
つくる　作る	L5 T (L2 C)
つけもの　漬物	L8 T
～って	L9.X
つまらない	L3 C
つまり	L9.III
つもり	L4 C
つよい　強い	L3 C

<て/テ>

て　手	L4 T
で	L1 T
～てあげる	L5 T
～てある	L8 T
～ておく	L7 T
でかける　出かける	L5 T (L4 E.1)
てがみ　手紙	L2 E.1
できる　出来る	L2 T
できるだけ	L7 T
でぐち　出口	L5 T
～てくれる	L5 T
デザイン	L2 T
デザインする	L2 T
デジタルカメラ	L4 T
～てしまう	L5 T
です	L1 T
ですから	L2 T
では	L1 T
デパート	L4 T
ではありません	L1 T
ではない(じゃない)	L5 C
ではなかった(じゃなかった)	L5 C
～てほしい	L9.I
でも	L2 T
でも	L9.III
てら　(お)寺	L7 T
でる　出る	L5 T (L2 C)
テレビ	L5 T (L2 E.1)
てんいん　店員	L3 T
でんしゃ　電車	L7 E.6
でんわ　電話	L5 T (L2 E.1)
でんわする　電話する	L2 C
TGV　(テージェーヴェー)	L2 E.5

<と/ト>

と	L3 T
ドア	L7 E.7
といあわせる　問い合わせる	L6 C
という	L2 T
～といえば　～と言えば	L9.I
ドイツ	L2 T
とう　唐	L8 T
どう	L6 C
とうきょう　東京	L2 T (L1 C)
とうきょうタワー　東京タワー	L2 E.5
どうして	L9.III
どうぞ	L1 T
とうふ　豆腐	L8 T
どうも	L6 T
とおい　遠い	L7 C (L2 C)
とおる　通る	L1 T
～とか	L3 C
とき　時	L2 C
とき　時	L3 T
とくい　得意	L3 C
とくゆう　特有	L8 T
とけい　時計	L5 C
どこ	L3 T
どこか	L5 E.12
ところ	L5 T (L4 E.7)

＜な／ナ＞

＜に／ニ＞

には	L2 T
にはくみっか　二泊三日	L7 T
にほん　日本	L1 T
にほん　二本	L4 T
にほんご　日本語	L1 T
にほんしゃ　日本車	L2 T
～にもかかわらず	L9.I
にもつ　荷物	L7 T
ニュース	L5 E.3
～によって	L9.I
～によると	L9.I
にん　人	L4 C

<ぬ／ヌ>

ぬぐ	L3 C
ぬの　布	L7 E.3
ぬれる	L7 T

<ね／ネ>

ね	L2 T
ねこ　猫	L3 E.3 (L3 C)
ねだん　値段	L9.I (L4 T)
ねる　寝る	L6 T

<の／ノ>

のうりょく　能力	L9.I
ノート	L3 T
～ので	L5 T (L4 E.9)
～のに	L9.I
のみもの　飲み物	L8 T
のむ　飲む	L6 T (L2 C)
のる	L1 T

<は／ハ>

は	L1 T
ばあい　場合	L9.I
パーセント	L3 T
はい	L1 T
はい　杯	L4 C
バイオリン	L7 E.1
バイク	L3 E.1
はいる　入る	L6 T
はえる　生える	L8 C
ばかり	L8 T
はこぶ　運ぶ	L8 T
はじめ	L1 T
はじめて	L5 C
はじめまして	L1 T
はじめる　始める	L5 T
はず	L9.IX
バス	L1 E.3
バスてい　バス停	L8 T
パソコン	L2 E.6
はたらく　働く	L2 E.1
はちじ　八時	L1 C
はちじゅうまんえん　八十万円	L2 C
はな　花	L3 E.3
はなし　話	L8 T (L2 E.4)
はなす　話す	L2 C
はは　母	L2 E.1
はやい　早い	L6 T (L3 C)
はやい　速い	L3 C
はらじゅく　原宿	L2 E.6
パリ	L1 C
パリいきのでんしゃ　パリ行きのでんしゃ	L4 E.5
はる　春	L5 C
パン	L3 E.1
ばんぐみ　番組	L6 T
ばんごはん	L2 E.1
はんとし　半年	L2 T
パンフレット	L7 T

<ひ／ヒ>

ビール	L2 E.1

ひき　匹	L4 C
ひく	L7 C
ひく　弾く	L7 E.1
ひこうき　飛行機	L8 C
びじゅつかん　美術館	L5 T
びじゅつし　美術史	L8 T
ひじょうに　非常に	L9.I
ひだり　左	L3 T (L1 C)
ひと　人	L2 T
ひどい	L6 T
ひとりで　一人で	L5 E.9
ひとりも～ない　一人も～ない	L4 C
ひゃく　百	L4 T
びよういん　美容院	L3 E.3
びょういん　病院	L3 E.3
ビル	L2 T
ひるごはん　昼ご飯	L2 E.4 (L2 E.1)
ひろい　広い	L3 C

<ふ／フ>

ふきゅう　普及	L9.I
ふく　服	L5 E.1
ふくざつ　複雑	L3 C
ふくせい　複製	L8 T
ふじゅうぶん　不十分	L9.I
ふた	L7 C
ふたり　二人	L8 T
ぶっか　物価	L7 E.3
ふゆ　冬	L7 C
フランス	L1 T
フランスご　フランス語	L4 C
ふりだす　降り出す	L7 T
ふる　降る	L7 T
ふるい	L2 C
ふるい　古い	L7 T (L3 C)
ふろ　風呂	L6 T
ふろば　風呂場	L8 T
フロントがかり　フロント係	L8 T
ぶん　文	L5 T
ふん/ぷん/ぶん　分	L2 T

<へ／へ>

へ	L2 C
べいちゅうかんけい　米中関係	L9.VI
べき	L9.IX
へた　下手	L3 C
べつ　別	L7 T
へや　部屋	L3 T (L2 C)
へる　減る	L9.I
ベル	L6 T
ベルギー	L1 T
へん　変	L3 C
べんきょう　勉強	L2 E.1
べんきょうする　勉強する	L2 C
べんきょうになる　勉強になる	L8 T
べんり　便利	L3 C

<ほ／ホ>

ほう　方	L2 T, L6 T
ほか　他	L4 T
ほかに	L7 E.7
ぼく　僕	L9.IV
ほしい	L4 T
ボタン	L7 C
ぽつぽつ	L9.V
ほど	L7 C
ポピュラー	L3 C
ほん　本	L3 C
ほんとう　本当	L8 T
ほんや　本屋	L2 E.6

<ま／マ>

まい　枚	L4 T
まいあさ　毎朝	L2 E.2
まいしゅう　毎週	L2 E.5
まいにち　毎日	L2 E.1
まいばん　毎晩	L2 E.4
まえ　前	L2 T
まじめ　真面目	L3 C
まず	L7 T
まずい	L8 C
まだ	L6 T (L5 C)
まち　町/街	L3 E.1, L4 C (L3 C)
まちあわせ　待合せ/待ち合わせ	L5 T
まちがう	L5 E.6
まちがえる	L5 E.6
まつ　待つ	L5 E.4
まで	L2 T
まど　窓	L7 C
まどぎわ　窓際	L8 T
～まま	L9.IX
まよう	L6 T
マルセイユ	L2 E.2
まるのうちせん　丸の内線	L4 T

<み／ミ>

みえる　見える	L2 T
みぎ　右	L1 C
みじかい　短い	L3 C
みせ　店	L8 T (L2 E.3)
みせる　見せる	L4 T
みそづけ　味噌漬け	L8 T
～みたい	L8 T
みどりいろ　緑色	L8 T
みなみ　南	L2 T
みる　見る	L2 C

<む／ム>

むずかしい　難しい	L7 T (L3 C)
むすこ　息子	L7 E.1

<め／メ>

メインキャンパス	L3 T
めうえのひと　目上の人	L9.I
メートル	L7 E.1
メモ	L5 T

<も／モ>

も	L1 T
～も～ない	L4 C
もう	L2 E.4
もう～ない	L6 C
もういちど　もう一度	L5 T
もうしわけございません　申し訳ございません	L4 T
もうすこし　もう少し	L4 T
もくようび　木曜日	L2 E.4
もし/もしも	L6 C
もしもし	L9.III
モダン	L3 C
もつ　持つ	L4 T
もってくる　持って来る	L6 T
もっと	L4 T
もっとも	L7 C
モデル	L4 T
もどる　戻る	L8 T
もの	L4 T
もらう	L6 T (L2 C)
もりあわせ　盛り合わせ	L8 T
もんだい　問題	L3 E.1

<や／ヤ>

や	L2 T
や　屋	L6 C
やくす　訳す	L6 E.11

やさしい　易しい	L3 C
やさしい　優しい	L3 C
～やすい	L9.I
やすい　安い	L3 T
やすみ　休み	L7 E.5
やってみる	L5 T
やはり/やっぱり	L6 T
やま　山	L7 C
やまと　大和	L9.VI
やむ	L7 T
やる	L5 T
やわらかい　軟らかい	L3 C

<ゆ／ユ>

ゆ　湯	L8 T
ゆうしょく　夕食	L8 T
ゆうめい　有名	L2 T
ゆき　雪	L7 C

<よ／ヨ>

よ	L1 T
よい	L2 C
～よう	L8 T
～よう　～用	L4 T
ようご　用語	L7 T
ようするに　要するに	L9.III
～ように	L7 T
ヨーロッパ	L2 T
よかったら　良かったら	L5 T
よく	L2 T
よくじつ　翌日	L5 T
よこ　横	L6 T
よこになる　横になる	L6 T
よさん	L4 T
よつや　四谷	L3 T
よぶ	L3 C
よむ　読む	L2 C
よやくする　予約する	L7 T
より	L7 T
よる　夜	L5 T (L2 E.2)
よる	L7 T
よろしい	L8 T
よろしく	L1 T
よろしくおねがいします	L1 T
よわい　弱い	L3 C

<ら／ラ>

ら	L9.IV
らいしゅう　来週	L9.I
らいねん　来年	L4 E.2
～らしい	L7 T
ラジオ	L5 E.11

<り／リ>

りそく　利息	L9.I
りっぱ　立派	L2 T
りゅうがくせい　留学生	L3 T
りゅうがくせいか　留学生課	L5 T
りょうあんじ　竜安寺	L7 T
りょうしん　両親	L2 E.4
りようする　利用する	L7 T
りょうり　料理	L5 T (L2 E.4)
りょこう　旅行	L7 T
りんご	L6 C

<る／ル>

るす　留守	L9.X

<れ／レ>

れいぞうこ　冷蔵庫	L5 E.12
れきし　歴史	L7 T
レジャー	L9.I
レストラン	L2 T
レポート	L2 E.6

Composition TAKEI Yuki – Calligraphie SEKO Yuriko
Mise en page
HEXAGONE - Aix-en-Provence

Maquette de couverture
PUP - Valérie JULIA

Imprimé en France
sur les presses HEXAGONE - Aix-en-Provence

Dépôt légal 1er trimestre 2006
Nouvelle édition revue et corrigée 4e trimestre 2008
ISBN 2-85399-628-X
ISSN 1627-3877

